MITTELALTER

Lesen, wissen, rätseln

Text von **Karolin Küntzel**
Illustrationen von **Kristina Gehrmann**

circon

BILDNACHWEIS

dpa Picture Alliance, Frankfurt: picture alliance/Artcolor 6 o., picture-alliance/akg 6 u., picture alliance/akg-images 8 o., ©Bianchetti/ Leemage 53 o.; **Mauritius images, Mittenwald:** 4, 24 u., 35 u., 44, 47 M., 50 u.; **Shutterstock.com:** brgfx 10, 11, 21 (Haus unten), 43 (Haus), Vii Artist 21 (Labyrinth), Kalinin Ilya 21 (Häuser oben), mentalmind 21 (Mann, Esel), vadimmmus 31 (Ritter), ONYXprj 31 (Huhn), MOSAIC 31 (Hafer), Irina Iglina 31 (Apfel), Javvani 42, Sergey Francishko 43 (Nonne), Spreadthesign (Gänse), antonpix 43 (König), Meowo (Sonnenfinsternis), lemono 54 (Frau), YesVideo 54 (Topf), YUCALORA 54 (Brunnen), Spreadthesign 54 (Ratte), Ksenia Zezyukina 55, Constantine Pankin 60 o., Graphic Mentors 60 u., RoseStudio 61 (Schriftrolle), Marina Santiaga 61 (Symbole), GoodStudio 61 (Gold), SteexS 61 (Flasche o.), Daria Yakovleva 61 (Flasche M.), Valenta's 61 (Flasche u.); Rätsel-Sticker: Julia Dolzhenko 20, bsd studio 20, Tarila 20, ActiveLines 20, Sensvector 20, Andrii_Malysh 20, KittyVector 20, Alfmaler 20, Oleksandra Klestova 20, Heide Pinkall 21, Simone Hogan 21, FooTToo 21, Elsbet 30, Macrovector 30, Tartila 30, Gali Gali 30, ONYXprj 30, LynxVector 30, VectorMine 30, GoodStudio 30, Javvani 42, Ksenia Zezyukina 55; Spaß-Sticker: SofiaV, PANGI, Pagina, Oliver Hoffmann, Natykach Nataliia, Oleksandra Klestova, Zaleman, VectorPot, GoodStudio, Borysenko Igor, kontur-vid, brgfx, Volha Valadzionak, AlyonaZhitnaya, Emil Timplaru, YummyBuum, NotionPic, johavel, HappyPictures, Hennadii H, Cernecka Natalja, Helen Lane; **Stock.adobe.com:** Mikhail Markovskiy 5 l., neirfy 5 r., Jens Ottoson 8 u., Peter Hermes Furian 9 o., Erica Guilane-Nachez 9 u., Frank Wagner 12 o., Markus S. 12 M., Sergey Kamshylin 12 u., Otto Durst 13 o., Mapics 13 u., mp_images 18, schulzfoto 19, jörn buchheim 24 o., DooMinatorDesignz 24 M., Martina Berg 29 o., simonidadj 29 u., Ruckszio 34 o., Madison 34 u., denis_333 35 o., Silvio 40 o., Alexander 40 u., André Viegas 41 o., ongap 41 u., pixeldeus 45 o., metelevan 45 M., Andreas 45 u., cynoclub 46, alessandro 47 o.l., monropic 47 o.r., insalateammodo 47 u., jenesesimre 50 o., andregric 50 M., dbrnjhrj 51 l., Siberian_lily 51 r., staskhom 52, Bildergarage 53 u.; Rätsel-Sticker: Schulz Foto Gbr 21

Baierbrunner Straße 27, 81379 München
Ausgabe 2024

Text: Karolin Küntzel (Wissen), Jennifer Döhring (Rätsel)
Illustration: Kristina Gehrmann
Redaktion: Jennifer Döhring
Fachredaktion Wissen: Verena Höver
Produktion: Ute Hausleiter
Abbildungen: siehe Bildnachweis oben
Titelabbildungen: U1: Kristina Gehrmann (Illustrationen); shutterstock.com: PANGI (Ritter mit Streitaxt, Ritter auf Pferden), Natykach Nataliia (Krone); adobestock.com: annaspoka (Glühbirne), Hubba Bubba (Sticker); U4: Kristina Gehrmann (Illustrationen); adobestock.com: Abdie (Hintergrundelemente)
Gestaltung: Enrico Albisetti (Wissen), Editors Genie (Rätsel)
Umschlaggestaltung: Irina Gilgen, Köln

ISBN 978-3-8174-4685-8
381744685/1

www.circonverlag.de

INHALT

WILLKOMMEN IM MITTELALTER!

DAS ZEITALTER IN DER MITTE 4
DIE GESELLSCHAFT 7
AUSBREITUNG UND EROBERUNG 9
RÄTSEL DICH SCHLAU! 10

DAS LEBEN IM MITTELALTER

DIE STADT 12
MÄRKTE UND FESTE 16
BERUFE 18
RÄTSEL DICH SCHLAU! 20
DIE BURG 22
DIE RITTER 26
BURGHERRIN UND EDELFRÄULEIN 28
RÄTSEL DICH SCHLAU! 30
IM KLOSTER 32
AUF DEM LAND 34
DIE KIRCHE 38
GLAUBE UND ABERGLAUBE 40
RÄTSEL DICH SCHLAU! 42
KLEIDUNG 44
ESSEN UND TISCHMANIEREN 46
HYGIENE, GESUNDHEIT UND MEDIZIN 48
DER SCHWARZE TOD 50
RÄTSEL DICH SCHLAU! 52

UNHEIMLICHES UND VERBORGENES

STRAFEN UND FOLTER 54
DIE VERFOLGUNG DER HEXEN 56
ALCHEMIE 58
RÄTSEL DICH SCHLAU! 60

BACKEN, FÄRBEN UND SCHNEIDERN WIE IM MITTELALTER

FLADENBROT BACKEN 64
STOFFE FÄRBEN 66
EINEN LEDERBEUTEL BASTELN 68

LÖSUNGEN 70
REGISTER 72

DAS ZEITALTER IN DER MITTE

Bildung wurde im Mittelalter vor allem in Universitäten und Klöstern vermittelt.

ZWISCHEN ANTIKE UND RENAISSANCE

Die Menschen im Mittelalter wussten nicht, dass sie im „Mittelalter“ lebten. Diesen Namen bekam die Epoche, also der Zeitabschnitt in der Geschichte, erst von den Gelehrten der Neuzeit. Sie verehrten die Antike – die Kultur und Bildung der Griechen und Römer – und belebten sie neu. Das Mittelalter war für sie die Zeit zwischen Antike und Renaissance, der Wiedergeburt der Antike. Sie beschrieben es als eine dunkle Zeit, in der es weder Wissenschaft noch Bildung oder Kultur gab. Heute wissen wir viel mehr über das Mittelalter. Unser Bild von dieser Zeit ist wesentlich positiver als das der Menschen aus dem 16. Jahrhundert.

FRÜH, HOCH, SPÄT

Das europäische Mittelalter beginnt mit dem Ende des Weströmischen Reiches im Jahr 476 nach Christus und endet rund 1000 Jahre später im 15. Jahrhundert. Viele betrachten die Entdeckung Amerikas durch den Seefahrer Christoph Kolumbus im Jahr 1492 als Endpunkt. Das Mittelalter wird in drei Zeitabschnitte unterteilt: Das Frühmittelalter umfasst die Zeit von 500 bis etwa 1000 nach Christus. Das anschließende Hochmittelalter endet um 1300 und darauf folgt das Spätmittelalter bis ungefähr 1500.

DAS FRÜHMITTELALTER

Im Frühmittelalter waren viele der alten römischen Städte verwüstet. Es gab häufig Kriege. Die meisten Menschen lebten in kleinen Siedlungen auf dem Land, in ständiger Angst vor Überfällen. Zu ihrem Schutz entstanden ab dem 11. Jahrhundert die ersten Burgen. Weite Landstriche waren von Wäldern bedeckt, die nach und nach gerodet, in Felder umgewandelt oder als Siedlungsplatz für Dörfer und Städte genutzt wurden. Immer mehr Menschen traten zum christlichen Glauben über und die Kirche mit dem Papst an ihrer Spitze gewann an Macht.

DAS HOCHMITTELALTER

Dieser Zeitabschnitt wird als Blütezeit des Mittelalters angesehen. Viele neue Städte wurden gegründet, alte Städte wuchsen, Handel und Handwerk erlebten einen Aufschwung. Prächtige Rathäuser und mächtige Kathedralen entstanden im Zentrum der Städte. Die Bürger dort errangen immer mehr politische Mitspracherechte. Das Wetter war mild, sodass die Ernten gut ausfielen und es kaum Hungersnöte gab. Burgen dienten nicht mehr nur der Verteidigung, sondern wurden zu prächtigen Wohnsitzen um- und ausgebaut.

Der Kölner Dom gehört zu den prächtigsten Bauten seiner Art.

Atemberaubend: Der Innenraum der früheren Palastkapelle Sainte-Chapelle in Paris

DAS SPÄTMITTELALTER

Viele Menschen zog es in die Städte, in der Hoffnung auf ein leichteres und freies Leben. Zahlreiche Erfindungen, die auch heute noch für uns wichtig sind, stammen aus dieser Zeit. Dazu zählen der Buchdruck, die Brille und der Fallschirm. Das Klima wurde kühler, es kam zu Missernten und deshalb zu Hungersnöten. Die Pest wütete und tötete ein Drittel der Bevölkerung in Europa. Ganze Dörfer starben aus und es war niemand mehr da, der die Felder bestellen oder das Vieh versorgen konnte. Das verschlimmerte die Hungersnöte.

Die ersten Brillen musste man noch mit der Hand festhalten.

DIE HANSE

Die Hanse wurde 1356 gegründet. Sie war ein mächtiges Wirtschaftsbündnis, zu dem sich zuerst viele Kaufleute und später Handelsstädte zusammenschlossen. Die Hanse sorgte dafür, dass Waren sicher ans Ziel kamen, sie bekämpfte Piraten und vertrat die Interessen der Kaufleute. In ihrer Blütezeit zwischen dem 14. und 16. Jahrhundert gehörten etwa 200 Städte in sieben europäischen Ländern der Hanse an. Einige der Städte kennst du vielleicht: Lübeck, Hamburg, Köln und Rostock gehörten dazu.

Emsiges Be- und Entladen der Schiffe im Hafen einer Hansestadt.

DIE GESELLSCHAFT

EINE FESTE ORDNUNG

Im Mittelalter gab es eine feste Gesellschaftsordnung, in der wenige Menschen über Macht und Reichtum verfügten. Ob man zu den mächtigen und einflussreichen oder den armen Menschen gehörte, stand oft mit der Geburt fest. Man wurde in eine Gesellschaftsgruppe, den sogenannten Stand, hineingeboren. Dieser Gruppe gehörte man meistens sein Leben lang an. Es gab drei Stände: den Klerus – das sind die Geistlichen –, den Adel, die Arbeiter – also die freien Bauern und Handwerker –, später auch die Bürger der Städte. Jeder Stand war wiederum in mehrere Stufen unterteilt.

DER ERSTE STAND: DER KLERUS

Aufgabe der Geistlichen war es, für das Seelenheil der Menschen zu beten und sich um die Armen zu kümmern. An der Spitze des Klerus stand der Papst. Ihm untergeordnet waren die Bischöfe, die Äbte und Äbtissinnen – so nennt man die Leiter von Klöstern – sowie die Pfarrer, Mönche und Nonnen. Dem Klerus konnte man durch ein religiöses Gelübde, ein feierliches Versprechen, beitreten.

DIE LEHENSPYRAMIDE

Oft wird die Gesellschaftsordnung des Mittelalters in Form einer Pyramide dargestellt. An der Spitze steht der König oder der Kaiser, darunter folgen die Herzöge, Grafen, Bischöfe, unter ihnen wiederum die Ritter und Äbte, und auf der untersten Stufe sind die Bauern zu finden. Sie bilden die größte Gruppe.

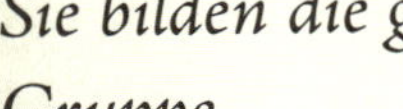

DER ZWEITE STAND: DER ADEL

Der Adel war für die Sicherheit und Ordnung im Land verantwortlich. Außerdem verteidigte er das Land gegen Angriffe von außen. An der Spitze des Adels stand der König oder Kaiser. Er war auf die Unterstützung seiner Gefolgsleute, der Vasallen, angewiesen, wenn er Krieg führen wollte. Sie hatten ihm einen Treueid geschworen. Als Gegenleistung bekamen die Gefolgsleute, also die Herzöge und Grafen, Land (ein Lehen) zugeteilt. Dieses Land konnten sie wiederum an Ritter vergeben. Das Land sicherte dem Adel sein Einkommen, da die Bauern, die es bewirtschafteten, Abgaben dafür leisten mussten.

DER DRITTE STAND: DIE BAUERN/ARBEITER

Dieser Stand war zahlenmäßig der größte. Ihm gehörten die Bauern und die Handwerker an. Später kam die Gruppe der städtischen Bürger dazu, darunter beispielsweise Kaufleute. Viele Bauern waren arm und unfrei, also Leibeigene eines Lehnsherrn. Das heißt, sie „gehörten" einem Adligen und arbeiteten für ihn. Lohn bekamen sie dafür nicht, aber sie standen unter seinem Schutz, wenn es zu kriegerischen Auseinandersetzungen kam.

WAS IST EIN LEHEN?

Ein Lehen war eine Art Nutzungsrecht. Es wurde ursprünglich auf Lebenszeit vergeben, konnte später aber auch vererbt werden. Der König als oberster Lehnsherr vergab beispielsweise Land oder eine Burg an einen Lehnsmann (Vasallen). Dieser schuldete ihm im Gegenzug Treue und seine Arbeitskraft. Die Vasallen des Königs vergaben ihrerseits Lehen an Landadelige und diese dann schließlich an Bauern.

Eine Lehensurkunde, in der ein Bischof einem anderen Geistlichen eine Burg als Lehen gibt.

AUSBREITUNG UND EROBERUNG

EUROPA IM MITTELALTER

Mit dem Ende des Römischen Reiches entstanden neue Herrschaftsgebiete und Länder. Im Frühmittelalter war das Fränkische Reich das mächtigste. Es dehnte sich ab dem 5. Jahrhundert durch Eroberungen immer weiter aus, bis es im 9. Jahrhundert Teile Spaniens, Italiens, Osteuropas, fast ganz Frankreich und das heutige Gebiet Deutschlands umfasste. Im Jahr 843 wurde es unter drei Königssöhnen in ein West-, Mittel- und Ostfrankenreich aufgeteilt. Das Ostfrankenreich wurde im Hochmittelalter zum „Heiligen Römischen Reich“ und später, unter anderem, zu Deutschland.

Das Heilige Römische Reich im Hochmittelalter

Mit flammenden Reden wurde versucht, die Menschen für den Kreuzzug zu begeistern.

DIE KREUZZÜGE

Während sich in Europa immer mehr Menschen zum christlichen Glauben bekannten, breitete sich von der Arabischen Halbinsel und Asien der Islam nach Europa aus. Begründer dieser Religion war Mohammed, der im Jahr 632 starb. Für die Christen waren die Anhänger Mohammeds Ungläubige; zwischen den Anhängern der beiden Religionen – Christen und Muslimen – kam es zu erbitterten Glaubenskriegen. Der Papst rief im Jahr 1095 zum „Heiligen Krieg“ gegen die muslimischen Herrscher in Palästina auf. Viele Ritter, aber auch einfache Leute folgten seinem Ruf und gingen auf Kreuzzug.

Lückentext

Setze die fehlenden Wörter an der passenden Stelle in den Text ein.

Siedlungen | Städte | Brille | Amerika | Spätmittelalter | Buchdruck | Land | Kathedralen | Frühmittelalter | Hochmittelalter | Christoph Kolumbus | Burgen

Das europäische Mittelalter wird in die drei Epochen ____________________, Hochmittelalter und ____________________ unterteilt. Die Entdeckung von ______________ durch den Seefahrer ______________________ wird als Endpunkt des Mittelalters betrachtet. Im Frühmittelalter lebten viele Menschen in kleinen ___________________ auf dem Land. Um sie zu schützen, wurden ______________ errichtet. Das ______________________ wird als Blütezeit des Mittelalters bezeichnet. In dieser Zeit wurden viele neue ___________ gegründet, prächtige Rathäuser und mächtige ________________ gebaut. Während des Spätmittelalters zogen viele Menschen vom _________ in die Städte. Zahlreiche Erfindungen stammen aus dieser Zeit. Dazu zählen der ____________, die ____________ und der Fallschirm.

Wer bin ich?

Verbinde die Aussagen mit der Person, von der sie stammt, und klebe den richtigen Sticker ein.

Äbtissin

König

Papst

1. Ich stehe an der Spitze des Klerus.
2. Ich schufte jeden Tag hart auf dem Feld.
3. Ich bin eine Frau und leite ein Kloster.
4. Jeder in meinem Land muss tun, was ich befehle.
5. Wir sind für die Sicherheit und Ordnung im Land verantwortlich.
6. Ich trage eine Rüstung und kämpfe hoch zu Pferd.
7. Ich bin ein Mann und lebe im Kloster.

Adel

Mönch

Bauer

Ritter

Fehlerbild

Im unteren Bild haben sich acht Fehler versteckt. Findest du sie?

DIE STADT

NEUE STÄDTE

Städte gab es bereits in der Antike. Einige von ihnen – Köln, Trier oder Mainz – kennst du vielleicht. Im Mittelalter, vor allem zwischen dem späten 11. und dem frühen 14. Jahrhundert, wurden unzählige Städte neu gegründet, fast 2000! Viele der heutigen Städte gehen auf eine solche mittelalterliche Stadtgründung zurück. Die Gründer waren oft Landesfürsten oder Bischöfe.

Rothenburg ob der Tauber hat eine gut erhaltene mittelalterliche Altstadt.

Eine zeitgenössische Karte zeigt das mittelalterliche Lübeck. Foto: Blick auf das heutige Lübeck

EIN GUTER PLATZ

Städte entstanden meist an strategisch wichtigen Orten wie Flüssen, Brücken und Handelsstraßen oder in der Nähe einer Burg oder eines Klosters. Dort kamen viele Menschen vorbei, um Märkte zu besuchen oder um im Schutz der Burg zu siedeln. Flüsse boten in vielerlei Hinsicht beste Bedingungen für eine Stadtgründung. Auf ihnen wurden Waren verschifft, ihr Wasser trieb Mühlen an und diente zur Bewässerung der angrenzenden Felder oder als zusätzlicher Schutz gegen Angreifer. Das mittelalterliche Lübeck war zum Beispiel ganz von Wasser umflossen und so sehr gut vor Überfällen geschützt.

MAUER, KIRCHE, MARKT

Mittelalterliche Städte waren von einer Stadtmauer umgeben, in der es ein oder mehrere Stadttore gab. Durch sie kamen Händler, Kaufleute, aber auch die Bauern der Umgebung in die Stadt, um ihre Waren anzubieten oder selbst einzukaufen. Abends schloss man die Tore zum Schutz vor Überfällen. Zentrum der Stadt war der Marktplatz mit der Kirche. An ihm standen die prächtigsten Bürgerhäuser und das Rathaus.

Das Stadttor von Stadt Weißenburg in Bayern

WIE STÄDTE ZU IHREN NAMEN KAMEN

Aus vielen Städtenamen kannst du heute noch ableiten, wo die Stadt gegründet wurde. Frankfurt und Erfurt entstanden an einer Furt, also an einer Flussquerung. Innsbruck gründete man an einer Brücke, Freiburg in der Nähe einer Burg.

ENGE GASSEN, VERHEERENDE FEUER

In den Städten gab es viele enge Gassen und die Häuser standen dicht an dicht. Die meisten Gebäude waren aus Holz. Die Wände bestanden aus hölzernen Rahmen, deren Zwischenräume mit Lehm und Flechtwerk ausgefüllt wurden. Diese Bauweise nennt man Fachwerk. Die Dächer waren meistens mit Holzschindeln oder Stroh gedeckt. Brach in einem der Häuser ein Brand aus, war er kaum zu löschen. Holz und Stroh brannten lichterloh und oft gingen ganze Stadtviertel in Flammen auf. Deshalb baute man später Häuser aus Stein und deckte sie mit Lehmziegeln.

Enge Gassen: Das historische Schnoorviertel in Bremen

ALLTAG IN DER STADT

In der Stadt war immer etwas los. Am Morgen, wenn die Tore geöffnet wurden, strömten Kaufleute und Bauern in die Stadt, um mit ihren Waren zu handeln. Die Bewohner gingen auf dem Markt oder in den kleinen Läden einkaufen und die Handwerker fertigten ihre Waren an und reparierten Gegenstände. Sie lebten und arbeiteten in eigenen Vierteln und blieben dort meistens unter sich.

WEG VOM LAND

Immer mehr Menschen zogen vom Land in die Städte. An den schönen Häusern lag das nicht, denn die konnten sich nur die Reichen leisten. Grund dafür waren die Privilegien, also die Sonderrechte der Städter. Sie durften heiraten, wen sie wollten, Besitz erwerben und vererben. Leibeigene, die länger als ein Jahr in der Stadt lebten, erhielten ihre Freiheit, wurden also unabhängig von ihrem früheren Lehnsherrn. „Stadtluft macht frei", hieß es deshalb damals.

STRASSENNAMEN

In Städten mit einem mittelalterlichen Stadtkern findest du heute oft Straßennamen, die auf die Berufe der damaligen Bewohner hinweisen. „Färbergasse" oder „Fleischhauerstraße" sind Beispiele dafür. Straßenschilder gab es damals aber noch nicht, denn die wenigsten Menschen konnten lesen.

MARKT, MESSE, MACHT

Das Stadtrecht regelte die Rechte und Pflichten der Stadtbewohner. Dazu zählte das Recht, Märkte und Messen abzuhalten, Münzen zu prägen oder Zölle auf Waren zu erheben. Städte mit vielen Rechten wurden reich und mächtig und zogen dadurch auch immer mehr Menschen an. Hatten die meisten Städte damals zwischen 2000 und 5000 Einwohner, lebten in Köln am Ende des Mittelalters rund 40.000 Menschen. Köln war damit die größte Stadt des Mittelalters in Deutschland.

EINWOHNER ODER BÜRGER?

Nicht jeder Stadtbewohner war automatisch ein Bürger. Um Bürger einer Stadt zu werden, musste man nachweislich in ihr oder ihrer Nähe leben, einen Beruf erlernt haben und über Geld verfügen. Bürger konnte außerdem nur werden, wer frei – also keinem Lehnsherrn verpflichtet – war.

MÄRKTE UND FESTE

AUF DEM WOCHENMARKT

In Städten mit Marktrecht fanden regelmäßig Wochenmärkte statt. Die Bewohner deckten sich bei den Bauern mit frischen Lebensmitteln wie Eiern, Butter und Käse ein oder kauften Dinge, die sie nicht selbst herstellen konnten, wie Messer und Töpfe. Außerdem gab es Stände mit Lederwaren und Stoffen. Begehrt waren auch hölzerne Schuhe, die sogenannten Trippen. Man schnallte sie unter die Lederschuhe und konnte damit durch den Straßendreck marschieren, ohne das teure Leder zu ruinieren.

GAUKLER UND SEILTÄNZER

Einmal im Jahr fand der mehrtägige Jahrmarkt statt. Neben den üblichen Händlern kamen dann auch Gaukler und Seiltänzer in die Stadt. Musikanten und Schauspieler sorgten für die Unterhaltung der Leute, die Wirtshäuser waren voll und die Diebe hatten leichtes Spiel.

DER BADER

Auf dem Markt waren nicht nur Händler und Gaukler anzutreffen, sondern auch Bader. Ein Bader behandelte Zahnschmerzen und Geschwüre, renkte Knochen wieder ein, versorgte Wunden und nahm Aderlässe vor. Außerdem schnitt er Haare und rasierte.

FEIERTAGE

Wie bei uns gab es auch damals Feiertage wie Weihnachten, Ostern und andere kirchliche Feste. Sie waren eine willkommene Abwechslung von der harten Arbeit, die an diesen Tagen ruhte. Gefeiert wurden außerdem Familienereignisse wie Hochzeiten, Geburten, Taufen oder, bei Adligen, der Ritterschlag des Sohnes. Besonders ausgiebig feierte man bei Hof oder auf der Burg. Oftmals luden die Adligen dazu auch ihre Untergebenen ein.

BURGFESTE

Burgfeste konnten mehrere Tage dauern. Sie begannen mit einem gemeinsamen Gottesdienst in der Burgkapelle, dann folgten Schaukämpfe junger Ritter oder Turniere und ausgiebige Mahlzeiten mit vielen verschiedenen Speisen. Diese Mahlzeiten konnten sich über Stunden hinziehen. Das Fest endete mit Musik, Tanz und Vorführungen von Akrobaten.

KARNEVAL

Das Narrenfest wurde bereits im Mittelalter gefeiert und läutete die Fastenzeit vor Ostern ein, in der kein Fleisch gegessen werden durfte. Deshalb wurde vorher noch einmal richtig geschlemmt und ausgelassen gefeiert.

BERUFE

ALTBEKANNT UND AUSGESTORBEN

Viele Berufe, die du kennst, gab es bereits im Mittelalter. Die Aufgaben von Bäckern, Metzgern, Bauern und Pfarrern haben sich bis heute kaum geändert. Andere Berufe wie Sackträger oder Fuhrmann entsprechen heute Lieferdiensten, Taxi-, Bus- oder U-Bahnfahrern. Manche Berufe wie der Färber sind ausgestorben, weil diese Arbeit heute von Maschinen erledigt wird. Ritter und Hofnarren sind mit dem Abstieg des Adels verschwunden, Latrinenleerer wurden mit der Einführung von Wasserklosetts, den WCs, und der Kanalisation überflüssig.

Im Mittelalter ein ganz normaler Beruf: der Hofnarr

Der Fuhrmann transportierte Waren, aber auch Personen.

ALLESKÖNNER UND SPEZIALISTEN

Bevor immer mehr Menschen in die Städte zogen, versorgten sich die Leute weitestgehend selbst. Der Bauer hielt Vieh und baute Getreide an, er reparierte sein Haus und baute einfache Möbel; seine Frau webte, nähte und flickte die Kleider der Familie. In der Stadt spezialisierten sich die Handwerker. Das Dachgerüst fertigte nun ein Zimmermann, die Möbel baute der Tischler. Gab es auf dem Dorf nur einen Schmied, der alle Metallarbeiten erledigte, so arbeiteten in der Stadt im Spätmittelalter Gold-, Silber- und Hufschmiede, Zinngießer, Schlosser und Werkzeugmacher.

Am Beruf des Hufschmieds hat sich seit dem Mittelalter wenig verändert.

GUT ORGANISIERT

Während dem Bäcker auf dem Dorf niemand sagte, wie er sein Brot zu backen hatte, gab es in der Stadt Regeln für jeden Handwerksberuf. Die freien Handwerksmeister hatten sich in einer Art Verein, den sogenannten Zünften, zusammengeschlossen. Jeder Beruf hatte seine Zunft und kein Handwerker konnte in der Stadt seinen Beruf ausüben, ohne Mitglied der Zunft zu sein. Er musste sich dann an die Zunftordnung halten. In ihr waren zum Beispiel die Verkaufspreise, die Arbeitszeiten, Löhne und die Anzahl der Gesellen in einer Werkstatt festgelegt.

DIE BREZEL AM HAUS

Jede Zunft hatte ihr eigenes Zeichen. Das sogenannte Zunftzeichen zeigte ein Werkzeug oder ein Produkt dieses Berufes. Das Zeichen der Bäcker war die Brezel, das der Schlosser zwei gekreuzte Schlüssel. Einige dieser Zunftzeichen kannst du heute noch in den Städten entdecken.

UNEHRLICHE BERUFE

Mit der Bezeichnung „unehrlich" wurden im Mittelalter Berufe bezeichnet, die kein gesellschaftliches Ansehen hatten. Dies waren zum Beispiel alle Berufe, die mit Dreck, Tod und Gestank zu tun hatten wie Henker, Totengräber, Latrinenleerer und Gerber. Diese machten aus Tierhäuten Leder. Dafür verwendeten sie Gerbstoffe, die einen üblen Geruch verbreiteten.

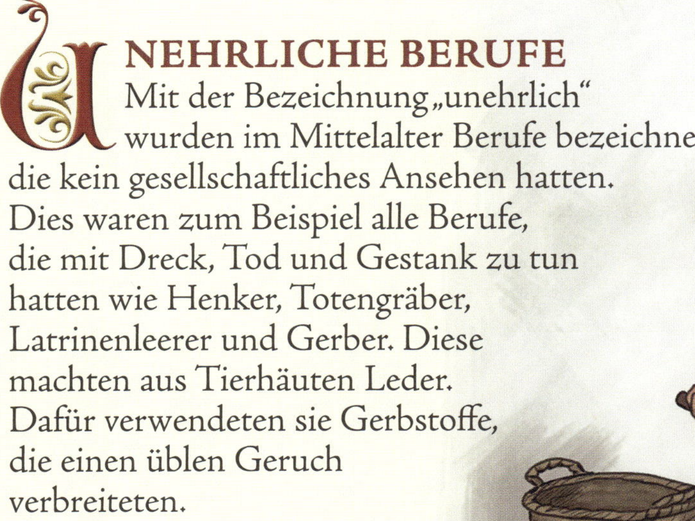

Ein Gerber bei der Arbeit

Löcher im Text

Ergänze die fehlenden Stellen im Text mit dem richtigen Sticker.

Im Mittelalter wurden sehr viele neue Städte gegründet. Meist entstanden sie an strategisch wichtigen Orten wie oder Brücken. Auch die Nähe eines Klosters oder einer war gut geeignet.

Mittelalterliche Städte waren von einer dicken umgeben. Durch das kamen Händler, Kaufleute und herein, um Waren zu verkaufen oder selbst einzukaufen. Das Zentrum der Stadt war der Marktplatz mit der .

Viele Städtenamen lassen erkennen, wo die Stadt gegründet wurde. So entstand zum Beispiel Frankfurt an einer Furt und Innsbruck an einer .

Die meisten Gebäude waren zur damaligen Zeit aus . Wenn ein ausbrach, war das verheerend, weil dieses von einem Haus auf das nächste überging. Deshalb baute man die späteren Häuser aus .

Labyrinth

Der Händler und sein Esel möchten zum Wochenmarkt in der Stadt. Die engen, verwinkelten Gassen machen es schwierig, den richtigen Weg zu finden. Kannst du ihnen helfen?

Zunftzeichen

Welches Zeichen hängt vor welcher Ladentür? Klebe die richtigen Sticker ein.

DIE BURG

HOLZ UND STEIN

Die ersten Burgen, die sogenannten Motten, waren weniger beeindruckend als spätere Bauten. Sie bestanden aus Holz und brannten deshalb sehr schnell ab, wenn ein Feuer ausbrach. Ab dem 11. Jahrhundert ging man dazu über, Burgen aus Stein zu errichten. Sie hielten Angriffen viel besser stand, ließen sich leicht verteidigen und boten den Bewohnern dadurch guten Schutz.

WAS IST EINE MOTTE?

So nennt man einen von Pfählen umgebenen hölzernen Wehrturm auf einem künstlich errichteten Erdhügel. Die Motte war die Vorform der späteren Ritterburg.

HOCH HINAUS

Burgen aus Stein zu bauen war sehr teuer, deshalb konnten sich nur reiche Adlige eine Burg leisten. Davon muss es im Hochmittelalter allerdings eine ganze Reihe gegeben haben, denn es entstanden viele Burgen. Sie wurden im Laufe der Zeit immer größer, prächtiger und bekamen immer höhere Wehrtürme. Wer eine Burg besaß, war mächtig und angesehen und demonstrierte das mit einem weithin sichtbaren Bau auf einer Anhöhe oder einer Bergkuppe.

DIE BURGANLAGE

Die großen Burgen im Hochmittelalter bestanden meist aus einer Vorburg und einer Kernburg. Beide waren von Mauern umgeben. Wollte man in die Kernburg gelangen, musste man zuerst die Vorburg durchqueren und damit zwei Burgmauern passieren. In der Vorburg waren die Handwerksgebäude und die Viehställe untergebracht. Außerdem befanden sich dort die Unterkünfte der Bediensteten. In der Kernburg war der Bergfried, der Turm, das auffälligste Gebäude. Hier war auch das Verlies untergebracht. Mittelpunkt der Burg war der Palas. In diesem Wohngebäude waren die Schlafräume, der Rittersaal, Küche und Vorratsräume. An den Palas war häufig eine Kapelle angeschlossen.

GUT GESICHERT

Eine Burg war auch immer eine Festung. Der Zugang war mit einem massiven Burgtor verschlossen. War die Burg von einem Wassergraben umgeben, hatte sie oft eine Zugbrücke, die bei Gefahr hochgezogen wurde. Von den Wehrgängen auf den Mauern konnte man Angreifer mit Steinen bewerfen und Pfeile auf sie abschießen. Durch sogenannte Pechnasen, Bodenöffnungen an der Außenmauer, schütteten die Burgbewohner heißes Wasser oder Öl auf die Angreifer.

Eine mittelalterliche Burgtoilette

DUNKEL UND KALT

Das Leben auf einer Burg war nicht komfortabel. Nur die Schlafräume des Burgherrn und seiner Familie, die Kemenaten, waren im Winter beheizt. In den restlichen Räumen war es sehr kalt und es zog durch die Fensterlöcher, die notdürftig mit Holzläden oder dünnen Tierhautblasen verschlossen wurden. Fensterglas gab es erst ab dem 14. Jahrhundert und die Zimmer waren sehr dunkel. Fackeln, Kerzen und der Schein des Kaminfeuers waren am Abend die einzigen Lichtquellen.

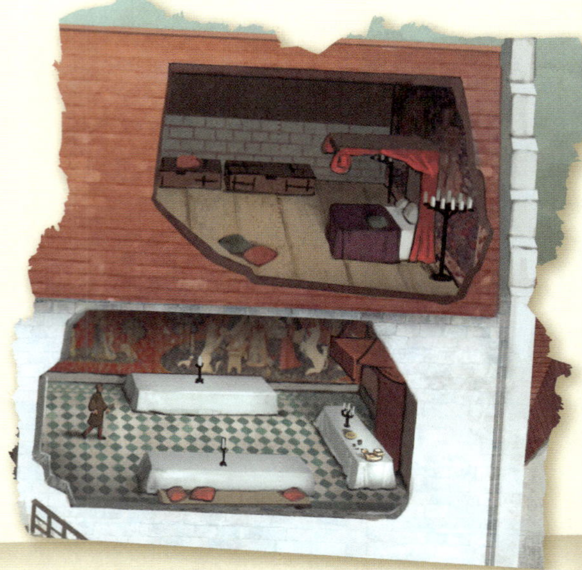

BETT, TISCH, BANK

Mittelalterliche Burgen gibt es heute noch und du kannst einige von ihnen besichtigen. Die Zimmer waren oft sehr sparsam möbliert. In den Schlafräumen gab es ein Bett und eine Truhe für die Kleidung. Im großen Saal standen ein tragbarer Tisch und einfache Stühle oder Bänke. Wohlhabende Burgherren schmückten die Wände mit Wandteppichen.

KÜCHE UND KESSEL

Burgküchen waren geräumig. Gekocht wurde bis zum Spätmittelalter über einem offenen Herdfeuer in großen Kesseln. Dann kamen gemauerte, meist kniehohe Herde in Mode, auf denen die Speisen auch langsam gegart werden konnten.

ANGRIFF AUF DIE BURG

Burgen waren durch ihre hohen Mauern gut gegen Angreifer geschützt. Stand die Burg auf einer Anhöhe, so waren die Feinde schon von Weitem zu sehen und das Tor konnte rechtzeitig geschlossen werden. Das Tor war der schwächste Bereich in der Burgmauer und die Angreifer versuchten es mit hölzernen Rammböcken zu zerstören. Mit großen Wurfschleudern schossen sie Steine gegen und über die Burgmauern oder bauten hohe Belagerungstürme, in denen sie bis auf Höhe der Burgmauern steigen konnten. Oft lehnten sie auch Leitern an die Mauern.

DAS KANN DAUERN

Hatten die Angreifer keine Verbündeten in der Burg, die ihnen heimlich das Tor öffneten, oder schlugen die Burgbewohner die Feinde nicht in die Flucht, kam es zur Belagerung der Burg. Die Ausgänge wurden bewacht und niemand konnte hinaus, um Nahrung oder Verstärkung zu holen. Hatten die Burgbewohner viele Vorräte und genügend Wasser, konnte sich eine Belagerung über Monate hinziehen. Wurden die Nahrungsmittel jedoch knapp, litten die Bewohner Hunger, wurden schwach und krank oder starben sogar.

GEHEIMGANG

In manchen Burgen gab es einen Geheimgang, durch den die Bewohner im Falle einer Belagerung Lebensmittel in die Burg schmuggeln oder fliehen konnten.

DIE RITTER

KRIEGSDIENST ZU PFERD

Ritter waren berittene Krieger, das heißt, sie kämpften hoch zu Pferd. Sie zogen für ihren Lehnsherrn in den Krieg, denn ein Berufsheer, also Soldaten, die fürs Kämpfen bezahlt wurden, gab es bis zum Spätmittelalter nicht. Die Ritter wurden von Kriegern zu Fuß begleitet, denn nicht jeder konnte sich ein Pferd oder eine teure Rüstung leisten. Die Ausrüstung musste jeder Krieger selbst bezahlen. Wer kein Geld besaß, kämpfte zum Beispiel mit einem einfachen Speer statt mit dem Schwert.

VOM PAGEN ZUM RITTER

Im Alter von sieben bis zehn Jahren begann die Ritterausbildung der adligen Jungen. Als Pagen versorgten sie zu Beginn ihrer Ausbildung die Pferde, halfen dem Ritter beim Anlegen seiner Rüstung und bedienten bei Tisch. Sie lernten Reiten, Bogenschießen und Faustkampf, aber auch gutes Benehmen. Zwischen dem 12. und 15. Lebensjahr wurde der Page zum Knappen ernannt. Nun übte er den Umgang mit Waffen und zog an der Seite eines Ritters in die Schlacht oder auf Turniere. Sieben Jahre später war er mit der Ausbildung fertig und wurde mit dem Ritterschlag feierlich zum Ritter ernannt.

MIT HELM UND PANZER

Die ersten Ritterrüstungen bestanden aus Kettenpanzern und einem einfachen Helm, der Kopf und Nase schützte. Im Laufe der Zeit veränderte sich die Ausrüstung. Anfangs war der Helm geschlossen und sah aus wie ein Topf. Im 14. Jahrhundert bekam er ein Visier zum Aufklappen. Die spätere „Hundsgugel" erinnert an eine Hundeschnauze. Die Rüstungen wurden im Spätmittelalter aus Platten geschmiedet und bedeckten den ganzen Körper. Sie wogen 20 bis 30 Kilogramm.

AUF DEM TURNIER

Ab dem 11. Jahrhundert fanden in Friedenszeiten Turniere statt, auf denen die Ritter ihren Mut und ihre Geschicklichkeit beweisen konnten. Als Erkennungszeichen trugen sie ein Wappen am Schild. Besonders beliebt war der Tjost, in dem zwei Ritter aufeinander zugaloppierten und versuchten, den Gegner mit der Lanze aus dem Sattel zu stoßen. Der Sieger gewann die Rüstung oder das Pferd des Verlierers oder bekam einen anderen wertvollen Preis, oft aus der Hand einer vornehmen Dame.

RITTERTUGENDEN

Ritter waren Vorbilder und wurden als Helden verehrt. Sie schützten die Schwachen, behandelten Frauen mit großem Respekt, hielten ihre Versprechen, waren großzügig und benahmen sich untadelig. Ritter waren treu, gehorsam und mutig.

BURGHERRIN UND EDELFRÄULEIN

JUNG VERHEIRATET

Die Burgherrin war die Frau des Burgherrn. Adlige Mädchen heirateten sehr früh, wahrscheinlich schon mit 14 Jahren. Für dich ist das sicher undenkbar, aber im Mittelalter war das völlig normal. Ehen wurden nicht aus Liebe geschlossen, sondern um Macht, Reichtum und Einfluss zu gewinnen. Deshalb suchten die Eltern des Mädchens einen passenden Mann für sie aus.

MUTTER UND HAUSFRAU

Die Hauptaufgabe der Burgherrin war es, Kinder zur Welt zu bringen. Es sollten möglichst viele sein. Vor allem musste ein Sohn darunter sein, denn in vielen Ländern konnten nur die männlichen Kinder erben. Die Kinder wurden von einer Amme, einer Kinderfrau, betreut. Wenn die Mädchen sieben Jahre alt waren, wurden sie von ihrer Mutter in ihren Pflichten unterrichtet. Die Jungen gingen fort und wurden bei einem anderen Ritter als Pagen ausgebildet. Neben der Erziehung der Kinder war die Burgherrin für den Haushalt auf der Burg zuständig. Oft war der Burgherr lange Zeit abwesend, weil er Krieg führte oder seinen Lehnsherrn besuchte. Dann war seine Frau für die Burg und deren Bewohner verantwortlich und musste sie im Fall eines Angriffs sogar verteidigen.

LESEN, RECHNEN, SCHREIBEN

Die adligen Damen waren für die damalige Zeit sehr gebildet. Sie konnten lesen, rechnen und schreiben. Dies wurde von den Männern meist nicht gerne gesehen, denn oft war die Burgherrin gebildeter als ihr Mann. Für die Führung der Burg waren diese Kenntnisse jedoch erforderlich, denn die Burgherrin verwaltete die Einnahmen, verkaufte landwirtschaftliche Produkte und kaufte Waren ein. Da war es gut, wenn man mit Zahlen umgehen und Verträge lesen konnte.

WEBEN, STICKEN, HEILEN

Die Burgherrin musste nähen, weben, sticken, spinnen, etwas musizieren und tanzen können. Zudem kannte sie sich gut mit Heilkräutern aus. Sie unterrichtete ihre Töchter in diesen Dingen, damit diese später, wenn sie verheiratet wurden, ebenfalls in der Lage waren, eine Burg zu führen. Wenn Gäste kamen, war die Herrin außerdem für deren Unterbringung und Bewirtung zuständig.

IM DAMENSATTEL

Die Burgherrin konnte reiten und nahm gerne an Jagden teil, zum Beispiel der Falkenjagd. Die Damen benutzten dazu einen speziellen Damensattel, bei dem beide Beine auf der linken Seite des Pferdes lagen.

Kreuzworträtsel

Weißt du die Antworten? Schreibe die gesuchten Begriffe in das Kreuzworträtsel und klebe die passenden Sticker ein. Wenn du die Buchstaben in den farbigen Kästchen richtig zusammensetzt, erhältst du das Lösungswort.

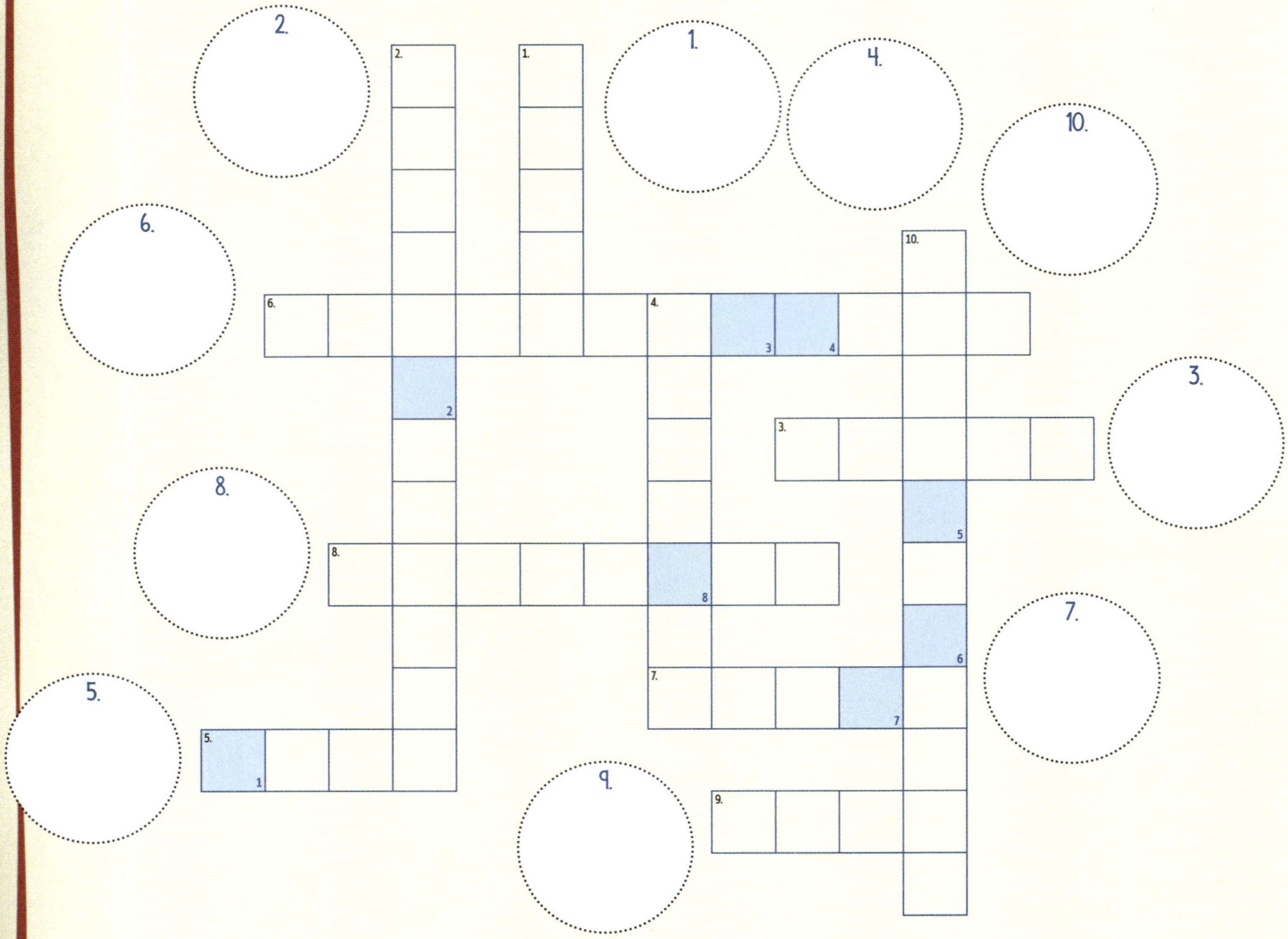

Das Lösungswort ergibt den Teil einer Burg:

1	2	3	4	5	6	7	8

1. so hießen die ersten Burgen aus Holz
2. hiermit schmückten reiche Burgherren ihre Wände
3. das musste ein Krieger besitzen, um ein Ritter zu sein
4. Hieb- und Stichwaffe, mit der die meisten Ritter kämpften
5. so nannte man einen Jungen, der in der Ausbildung zum Ritter war
6. hierdurch wurde ein Knappe zum Ritter ernannt
7. Spiel auf einem Ritterturnier, bei dem zwei Gegner mit einer Lanze aufeinander zugaloppieren
8. Alter, in dem adlige Mädchen verheiratet wurden
9. Frau, die die Kinder der Burgherrin aufzog
10. hier drin saßen adlige Damen, wenn sie ein Pferd ritten

Schau genau!

Welch ein Durcheinander auf dem Turnier! Erkennst du, welcher Ritter nur einmal vorkommt?
Achte dabei auch auf die gespiegelten Bilder.
Tipp: Streiche die Ritter, die mehrfach vorkommen, mit einem Stift durch.

Rechnen mit Symbolen

Die Burgherrin muss eine Rechenaufgabe lösen, jedoch sind die Zahlen als Symbole verschlüsselt.
Kannst du ihr helfen?

+ + = 30

+ + = 18

\- = 2

+ + = ________

IM KLOSTER

BETE UND ARBEITE“

Im Mittelalter waren die meisten Familien kinderreich. Viele Bauern und Handwerker, aber auch Adlige, gaben eines ihrer Kinder ins Kloster, wo es versorgt war, zu essen und eine Ausbildung bekam. Benedikt von Nursia gründete im Jahr 529 in Süditalien ein Kloster. Dort lebten Mönche nach festen Regeln zusammen, die sich in dem Satz „Ora et labora“ – „Bete und arbeite“ – zusammenfassen lassen. Nach ihrem Gründer nannten sich die Mönche Benediktiner. Ihre Regeln hatten großen Einfluss auf andere Kloster- und Ordensgemeinschaften und gelten noch heute.

HINTER DICKEN MAUERN

Die meisten Mönche und Nonnen – Frauen, die ihr Leben Gott widmen – verbrachten ihr Leben hinter den Klostermauern. Es gab aber auch die sogenannten Bettelorden, deren Ordensmitglieder umherzogen und ihren Lebensunterhalt durch Arbeit und Almosen, das heißt kleine Gaben, verdienten. Zu ihnen zählten beispielsweise die Franziskaner und Dominikaner.

DER HEILIGE BENEDIKT

Benedikt von Nursia lebte von 480 bis 547 nach Christus. Er war ein italienischer Adliger und wollte abgeschieden vom Rest der Welt wie Jesus Christus leben, beten und alle seine Gedanken und sein Tun Gott widmen.

ORTE DER WISSENSCHAFT

Im Kloster wurde nicht nur gebetet. Die Mönche und Nonnen versorgten sich weitestgehend selbst und arbeiteten in Gärten, auf Feldern und Gütern, die zum Kloster gehörten. Sie kümmerten sich um das Vieh, brauten Bier, backten Brot und stellten aus Heilkräutern Salben und Tinkturen her, mit denen sie Kranken halfen. Sie unterrichteten Kinder in Lesen und Schreiben, kopierten religiöse Schriften in mühsamer Handarbeit und banden diese zu Büchern. Klöster entwickelten sich zu Zentren der Wissenschaft und besaßen die umfangreichsten Bibliotheken ihrer Zeit.

MEHR ALS EINE KIRCHE

Das wichtigste Gebäude im Kloster war die Kirche, in der sich die Mönche oder Nonnen mehrmals täglich zum Gebet versammelten. Außerdem gab es eine große Küche, Schlaf- und Gemeinschaftsräume, die Bibliothek, eine Schreibstube, eine Krankenabteilung, einen Klostergarten und den Kreuzgang – einen überdachten Gang, der um einen Innenhof verläuft. Auch heute noch gibt es viele Klöster. Einige kannst du besichtigen.

KAHLE KÖPFE

Mönche erkannte man an ihrer Kutte – einem langen Mantel – und ihrer Frisur. Sie hatten nämlich noch bis 1972 einen fast kahl rasierten Kopf, nur ein Haarkranz blieb stehen. Diese Frisur nennt man Tonsur.

AUF DEM LAND

LEBEN VON DER LANDWIRTSCHAFT

Im Mittelalter lebten die meisten Menschen auf dem Land und ernährten sich von der Landwirtschaft. 90 Prozent aller Menschen – im Spätmittelalter immerhin noch 80 Prozent – lebten in dörflichen Gemeinschaften, bestellten die Felder und hielten Vieh. Das Leben der Bauern war sehr hart. Die Arbeit war anstrengend, weil es noch keine Maschinen gab. Wenn die Ernte schlecht ausfiel, litten die Menschen Hunger.

SCHUFTEN FÜR DEN GRUNDHERRN

Die meisten Bauern besaßen kein eigenes Land. Es gehörte einem Grundherrn, zum Beispiel einem Ritter oder einem Kloster. Als Gegenleistung für die Nutzung des Landes forderte der Grundherr Abgaben und Dienstleistungen, die sogenannten Frondienste. Der Bauer musste einen Teil seiner Ernte abgeben und Arbeiten für den Landbesitzer verrichten. Sollte der Bauer die Felder seines Herrn abernten, musste die Arbeit auf den eigenen Äckern ruhen.

VIEHHALTUNG

Auf einem mittelalterlichen Bauernhof gab es Hühner, Gänse und Schweine. Kühe und Ziegen lieferten Milch, Schafe die Wolle. Ochsen und Pferde kamen als Arbeitstiere zum Einsatz und zogen den Karren oder den Pflug.

NICHT OHNE ERLAUBNIS

Die meisten Bauern waren von ihrem Grundherrn weitestgehend abhängig. Sie durften ihr Land nicht verlassen, konnten also nicht einfach in das nächste Dorf umziehen. Nicht einmal heiraten war ohne die Erlaubnis des Grundherrn möglich. Selbst an ihrem Tod verdiente er, denn ein Teil ihres „Erbes" fiel an ihn. Bauern, die über etwas Geld verfügten, konnten sich von den Frondiensten freikaufen. Steuern wie die Salz- oder Getreidesteuer waren aber weiter zu bezahlen, ebenso wie der Zehnt, der zehnte Teil der Ernte, den die Kirche erhielt.

FACHWERKHÄUSER

Viele Bauernhäuser waren Fachwerkhäuser in Ständerbauweise. Sie bestanden aus hölzernen Rahmen, in denen der Platz zwischen den Balken mit Lehmgeflecht ausgefüllt war. Die Rahmen standen auf einem Sockel aus Stein.

DAS BAUERNHAUS

Bauern waren oft arm. Deshalb waren ihre Häuser sehr schlicht eingerichtet. Es gab nur einen großen Raum zum Schlafen und Wohnen und einen Küchenbereich mit Herd. Der Viehstall war direkt im Haus untergebracht oder an dieses angeschlossen. Tische, Bänke, Truhen und Betten waren die einzigen Möbel.

VOR DEN PFLUG GESPANNT

Die meisten Bauern pflanzten Getreide an. Vor der Aussaat im Frühjahr wurde der Acker mit einem Pflug bearbeitet. Mit diesem Gerät wurde der Boden gelockert und gewendet. Zu Beginn des Mittelalters war ein Pflug ein einfacher Holzhaken, der vom Bauern geschoben wurde. Ab dem 11. Jahrhundert benutzten die Bauern dann einen wesentlich verbesserten eisernen Pflug mit Rädern, vor den Ochsen oder Pferde gespannt wurden. Auch die Verbreitung der Sense machte die Arbeit der Bauern leichter. Vorher hatten sie mühsam mit der viel kleineren Sichel gemäht und Getreide geschnitten.

EGGEN, SÄEN, ERNTEN

War das Feld gepflügt, zog der Bauer eine Egge über die Erdbrocken. Sie zerkrümelte die großen Schollen und lockerte den Boden. Anschließend kam die Saat in den Boden und Erde darüber. Bis zur Ernte im Herbst wurde auf dem Feld Unkraut gejätet und Schädlinge abgesammelt. Die ganze Familie musste bei der Ernte helfen. Die Männer schnitten das Getreide, die Frauen banden es zu Garben und die Kinder sammelten einzelne Ähren auf.

Fortsetzung Seite 55

Spaß-Sticker

Sticker für die Rätsel auf Seite 10/11

Sticker für die Rätsel auf Seite 20/21

Sticker für die Rätsel auf Seite 30/31

Fortsetzung Seite 30/31

Sticker für die Rätsel auf Seite 42/43

Seite 55

Sticker für die Rätsel auf Seite 55

Spaß-Sticker

VIEHFUTTER, OBST UND GEMÜSE

Neben Getreide wurden auch Klee, Gras und Rüben als Futter für das Vieh angebaut. Da es im Winter nicht genügend Futter gab, schlachtete man einige Tiere im Herbst. Zu Festtagen kam dann auch manchmal Fleisch auf den Tisch. Im Garten baute die Bauersfrau Äpfel, Birnen, Pflaumen, Kohl, Salat, Möhren und Linsen an. Beeren und Honig fand sie im Wald. Die Ernte musste, zusammen mit Milch, Eiern und Fleisch, reichen, um die Familie zu versorgen und alle Abgaben zu zahlen.

DREIFELDERWIRTSCHAFT

Baut man auf einem Feld immer dasselbe an, ist der Boden schnell ausgelaugt und die Ernte fällt gering aus. Im Hochmittelalter kam man deshalb auf die Idee, die Felder in drei Teile zu teilen. Bei dieser Dreifelderwirtschaft liegt im Wechsel immer ein Teil des Feldes brach – dort wird nichts angepflanzt – und der Boden kann sich erholen. Auf dem zweiten Teil wird gesät und auf dem dritten geerntet.

IM LAUFE DER JAHRESZEITEN

Die Arbeit der Bauern hing stark von den Jahreszeiten ab. Vom Frühjahr bis zum Herbst war viel auf den Feldern zu tun. Im Winter fand das Leben eher im Haus statt: Geräte wurden repariert, Wolle gesponnen und Kleidung ausgebessert.

DIE KIRCHE

DER MÄCHTIGSTE MANN IM STAAT

Im Mittelalter hatte die Kirche gewaltigen Einfluss auf das Leben der Menschen. Die meisten von ihnen waren Christen und besuchten an Sonn- und Feiertagen die Gottesdienste. Anders als heute war das eine Art Pflicht. Wer nicht in die Kirche ging, machte sich verdächtig und wurde aus der Gemeinschaft ausgeschlossen. Das Oberhaupt der katholischen Kirche war der Papst. Was er sagte und befahl, war für Christen Gesetz – er hatte mehr Macht als der Kaiser.

STRENGE REGELN

Im Gottesdienst lernten die Gläubigen, nach welchen Regeln sie leben sollten. Diese Regeln leitete die Kirche aus der Bibel ab und überwachte deren Einhaltung. Verstieß man dagegen oder übte man Kritik an der Kirche, wurde man schwer bestraft. Die sogenannten Ketzer, Gläubige, die eine andere Meinung hatten als die Kirche, wurden verfolgt und oft sogar mit dem Tod bestraft.

KIRCHENBANN

Eine der schlimmsten Strafen, die der Papst über eine Person verhängen konnte, war der Kirchenbann. Wer unter Bann gestellt wurde, durfte keinen Gottesdienst mehr besuchen, konnte nicht auf dem Friedhof bestattet werden und wurde von allen gemieden.

GOTT SO NAH

Im Mittelalter gab es in Dörfern und Klöstern, auf Burgen und in der Stadt Kirchen. Sie dienten als Versammlungsort für die Gläubigen und waren deshalb in der Stadt viel größer als auf dem Land. Ab dem Hochmittelalter entstanden große Kathedralen in den Städten, die einem Bischof als Amtssitz dienten. Die Kirchen, die bis Anfang des 13. Jahrhunderts im romanischen Stil erbaut wurden, waren so wehrhaft wie eine Burg. Dagegen wirken die gotischen Kathedralen, die zwischen 1200 und 1500 entstanden, durch die Spitzbögen und Strebepfeiler elegant und leicht. Alles an ihnen strebte Richtung Himmel – hin zu Gott.

AUF DER DOMBAUSTELLE

Der Bau eines Doms (so nennt man Kathedralen in Deutschland) war eine handwerkliche Meisterleistung. Steine wurden aus Steinbrüchen auf die Großbaustelle gebracht, Steinmetze bearbeiteten sie und Maurer fügten sie zu Wänden zusammen. Riesige Gerüste wurden von Zimmerleuten gebaut, damit die Arbeiter in dem immer höher werdenden Bau an ihren luftigen Arbeitsplatz gelangten. Besonders beeindruckend waren die großen Buntglasfenster, die das Innere der Kirche in der Sonne leuchten ließen.

GLAUBE UND ABERGLAUBE

HIMMEL UND HÖLLE

Die Menschen im Mittelalter glaubten an ein Leben nach dem Tod. Wer sich gottesfürchtig verhielt und alle Gesetze befolgte, würde nach dem Tod das ewige Leben erlangen und von Engeln in das Paradies geleitet werden. Die Sünder jedoch erwartete ein Leben in ewiger Verdammnis. Statt von Engeln würden sie von Dämonen in die Hölle gezerrt. Diese Vorstellung findet sich auf vielen Bildern aus dieser Zeit. Auf ihnen sieht die Hölle wie eine Folterkammer aus.

WER GLOTZT DENN DA?

An mittelalterlichen Kathedralen findest du in Stein gehauene Fratzen und Dämonen. Sie waren eine Art Warnung davor, was schlechten Menschen in der Hölle blühte.

Das Ziel unzähliger Pilger: Die Kathedrale von Santiago de Compostela

AUF PILGERREISE

Einmal im Leben wollten die Gläubigen eine heilige Stätte besuchen, um ihren Glauben zu zeigen, die Heilung von Krankheiten zu erbitten oder um Buße zu tun. Jerusalem war ein beliebtes Ziel, weil Jesus Christus dort gekreuzigt wurde. Viele Pilger reisten auch nach Rom oder nach Santiago de Compostela in Spanien. Die Reisen waren sehr gefährlich, deshalb waren Pilger meistens in Gruppen unterwegs.

KÄMPFEN IM NAMEN DES GLAUBENS

Im Jahr 1070 eroberten die Seldschuken, ein türkischer Volksstamm, die heilige Stadt Jerusalem. Christliche Pilgerreisen dorthin wurden dadurch sehr schwierig. Deshalb rief Papst Urban II. im Jahr 1095 die Christen dazu auf, Jerusalem von den Muslimen zu befreien. Wer an diesen sogenannten Kreuzzügen teilnahm, sollte zur Belohnung von seinen Sünden freigesprochen werden. Viele Ritter machten sich auf den Weg und zogen in den „Heiligen Krieg". Bis 1291 fanden insgesamt sieben Kreuzzüge statt. Die Kämpfe wurden erbittert geführt und kosteten sehr viele Menschen das Leben.

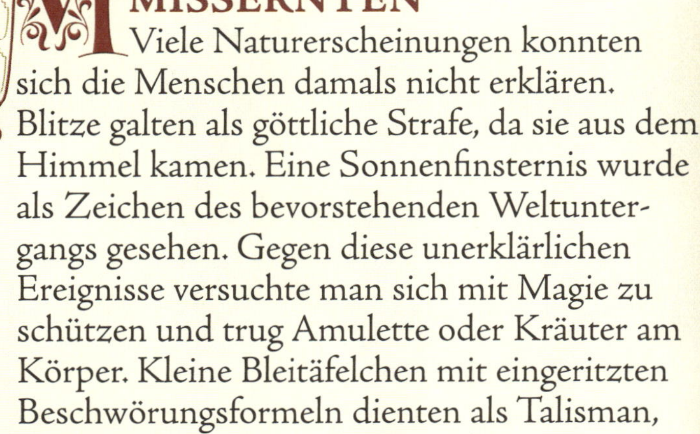

MIT MAGIE GEGEN MISSERNTEN

Viele Naturerscheinungen konnten sich die Menschen damals nicht erklären. Blitze galten als göttliche Strafe, da sie aus dem Himmel kamen. Eine Sonnenfinsternis wurde als Zeichen des bevorstehenden Weltuntergangs gesehen. Gegen diese unerklärlichen Ereignisse versuchte man sich mit Magie zu schützen und trug Amulette oder Kräuter am Körper. Kleine Bleitäfelchen mit eingeritzten Beschwörungsformeln dienten als Talisman, als Glücksbringer, und sollten den Träger vor Krankheit und Dämonen bewahren.

Auf der Kathedralen-Baustelle

Die Kathedrale ist fast fertig gebaut, aber ein paar Teile fehlen noch. Kannst du sie vervollständigen? Klebe die Sticker an der richtigen Stelle ein.

Eine Wahrheit, zwei Lügen

Welche Antwort ist richtig? Kreuze an!

1. Im Kloster wurde nicht nur gebetet. Die Mönche und Nonnen

a) ☐ stellten auch Kleidung und Schuhe her.

b) ☐ züchteten auch Pferde für die Ritter.

c) ☐ arbeiteten auch in Gärten und auf Feldern.

2. Tonsur war der Name für

a) ☐ die Frisur der Mönche.

b) ☐ den langen Mantel der Mönche.

c) ☐ die Kleidung der Nonnen.

3. Im Mittelalter lebten die meisten Menschen

a) ☐ in der Stadt.

b) ☐ auf dem Land.

c) ☐ in Klöstern.

4. Ihr Haus teilten sich Bauern häufig

a) ☐ mit anderen Familien.

b) ☐ mit ihrem Vieh.

c) ☐ mit ihrem Grundherrn.

5. Die meisten Bauern

a) ☐ pflanzten Getreide an.

b) ☐ züchteten Rinder.

c) ☐ bauten Obst und Gemüse an.

6. Mehr Macht als der König oder Kaiser hatte nur

a) ☐ der Rat der Herzöge.

b) ☐ die Gemeinschaft aller Untertanen.

c) ☐ der Papst.

7. Eine Pilgerreise ist

a) ☐ eine Reise auf einem Pferd zu einem Erholungsort.

b) ☐ eine Reise zu Fuß zu einer heiligen Stätte.

c) ☐ eine Reise zu einem fernen Ort namens Pilger.

8. Eine Sonnenfinsternis sahen die Menschen damals

a) ☐ als eine zusätzliche Nacht und legten sich schlafen.

b) ☐ genauso wie heute: Der Neumond verdeckt die Sonne.

c) ☐ als Zeichen des bevorstehenden Weltuntergangs.

KLEIDUNG

STANDESGEMÄSS GEKLEIDET

Du kannst heute Kleidung in der Farbe tragen, die dir gefällt. Im Mittelalter gab es dagegen feste Regeln und der gesellschaftliche Stand musste an der Kleidung erkennbar sein. So verbot der Adel seinen Untergebenen zum Beispiel bunte Gewänder und reich verziert durfte die Kleidung auch nicht sein. Dieses Recht war dem Adel vorbehalten, der davon ausgiebig Gebrauch machte und seine Garderobe mit Schmuck, Borten und Pelz schmückte.

Auf Mittelalterfesten kannst du Nachbildungen der Kleider bewundern, welche die Menschen damals getragen haben.

MANN IM ROCK

Heute tragen viele Menschen Hosen, aber im Mittelalter gab es Hosen, so wie du sie kennst, noch nicht. Damals trugen Männer lange Hemden, die eher an Röcke erinnerten. Je nach Mode waren diese mal kürzer, mal länger. Oft waren sie vorne geschlitzt, weil das praktischer zum Reiten war. Unter dem rockartigen Hemd trugen die Männer eine windelartige Unterhose, die Bruche. Daran wurden Beinlinge befestigt – lange Strümpfe, die bis über die Oberschenkel reichten. War es kalt, wärmte zusätzlich ein Umhang, Mantel oder eine Gugel. Das ist eine Art Kapuze mit Zipfel, die Kopf und Schultern bedeckt.

NICHTS UNTERM KLEID

Adlige Frauen zogen lange, weite Unterkleider an, unter denen sie nackt waren. Über das Unterkleid kam das Oberkleid, das ab dem 13. Jahrhundert mit einem Gürtel enger gebunden wurde und so die Figur betonte.

GANZ SCHÖN PRAKTISCH

Handwerker und Bauern brauchten vor allem praktische, robuste Kleidung, in der sie sich gut bewegen konnten. Bauernkleidung war meist braun, schwarz oder grau und aus Leinen oder Flachs angefertigt. Neben Unterwäsche aus Leinen bestand die Garderobe der Bauern aus wollenen Beinlingen, einem kurzen Kittel und einem Mantel, wenn es kalt war. Vor Sonne, Kälte und Regen schützten ein Strohhut oder eine Gugel. Frauen trugen schlichte lange Kleider, die Kinder einen Kittel.

Diese mittelalterlichen Gürtelschnallen sind bis heute erhalten geblieben.

Ritterschuhe mit damals modernen Schnäbeln

AUF GROSSEM FUSS LEBEN

Die Schuhe bestanden aus Rindsleder. Sie wurden zusammengenäht und dann gewendet, sodass die Nähte innen lagen. Damen- und Herrenschuhe unterschieden sich kaum.
Im 14. Jahrhundert kamen Schnabelschuhe in Mode. Sie waren sehr lang und spitz. Wie vornehm eine Person war, ließ sich damals an der Länge der Schuhspitze ablesen: je länger, desto nobler der Besitzer. Diese Schuhmode machte auch vor Ritterrüstungen nicht halt – die Eisenschuhe bekamen ebenfalls Schnäbel.

WÄSCHE WASCHEN

Anders als heute wurden die wenigsten Kleidungsstücke regelmäßig gewaschen. Die Unterwäsche der Bauern machte da eine Ausnahme.

ESSEN UND TISCHMANIEREN

HÖFLICH BEI HOF

Bei den Adligen wurden Tischmanieren ab dem Hochmittelalter großgeschrieben. Schon die Kinder lernten gute Tischsitten. Tadelloses Benehmen war sogar Teil der Ritterausbildung. Gegessen wurde mit Messer, Löffel und den Händen, die vorher gewaschen wurden. Es galt als besonders vornehm, zum Essen nicht die ganze Hand, sondern nur drei Finger zu benutzen. Die Fingernägel sollten kurz sein, die Ellbogen nicht auf dem Tisch liegen und mit vollem Mund zu reden war ebenfalls nicht gern gesehen.

PFAU ZUM FEST

Bei Hof und auf der Ritterburg aß man gerne viel und lang. Oft gab es mehrere Gänge und die Mahlzeit zog sich über Stunden hin. Die Festtafel stand etwas erhöht. Der Burgherr oder König saß in der Mitte und wurde zuerst bedient. Neben ihm saßen die wichtigsten Gäste. Beliebte Speisen waren Wild, Rind und Lamm, aber auch Vögel wie Pfau, Reiher oder Schwan. Sie galten als besonders rein, da sie dem Himmel ein Stück näher waren als andere Tiere. Während der Fastenzeit war es verboten, Fleisch zu essen. Dann kam Fisch auf den Tisch.

ALLES IN EINEM TOPF

Wurde auf der Burg kein Fest gefeiert, so gab es Getreidebrei, Brot und Eintopf zu essen. Alle Zutaten kamen in einen Topf und dieser wurde zum Kochen über das offene Feuer gehängt. Auch auf dem Land gehörte der Eintopf zum Alltag; alle aßen ihn gemeinsam aus dem Topf oder einer Schüssel. Bei den Adligen hatte jeder seinen eigenen Teller.

Wer wohl mit diesem original erhaltenen Löffel gegessen hat?

SÜSS UND SAUER

Mit Gewürzen ging man damals mehr als großzügig um. Viele Speisen wurden stark gewürzt. Dies galt besonders für wohlhabende Haushalte, denn exotische Gewürze aus fernen Ländern galten als Zeichen von Reichtum. Kein Wunder, denn sie waren sehr teuer und nicht immer verfügbar. Wer sich Safran, Zimt, Pfeffer, Gewürznelken, Ingwer oder Muskatnuss nicht leisten konnte, würzte seine Speisen mit Wein, Essig und Honig, der bis zum Spätmittelalter das einzige Süßungsmittel war. Bei so wenig Auswahl an Gewürzen schmeckten alle Speisen ähnlich süßsauer.

BIER FÜR ALLE

Das Wasser war im Mittelalter selten sauber. Deshalb trank man lieber Bier oder Wein. Selbst Kinder bekamen diese Getränke, allerdings verdünnt.

HYGIENE, GESUNDHEIT UND MEDIZIN

WASSER MARSCH!

Ein Bad oder eine Dusche sind heute alltäglich. Im Mittelalter waren sie nicht selbstverständlich und meistens eine mühsame, zeitraubende Angelegenheit. Fließendes warmes Wasser gab es nicht. Wollte man einen Badezuber füllen, waren viele Gänge mit einem Eimer nötig. Das Wasser musste auf dem Herd erhitzt werden; anschließend badete die ganze Familie nacheinander darin. Meistens wusch man sich nur notdürftig mit kaltem Wasser – oder gar nicht. Auch die Kleidung wurde selten gereinigt. Wer sich oft wusch, galt als sündig und eitel. Deshalb stanken viele Menschen.

DRECK UND GESTANK

Überhaupt stank es in den Städten gewaltig, ganz besonders in bestimmten Vierteln, zum Beispiel im Gerberviertel. Die Straßen waren schmutzig und mit Tierkot verunreinigt, denn Hühner, Schweine und Hunde liefen frei herum. Eine geschlossene Kanalisation gab es noch nicht und das Abwasser floss in einer offenen Rinne auf der Straße. Der Inhalt von Nachttöpfen wurde einfach auf die Straßen geschüttet.

DIE KÖRPERSÄFTE

Heute wissen bereits Kinder, dass es Bakterien und Viren gibt, die Krankheiten auslösen können. Im Mittelalter waren diese Krankheitserreger unbekannt. Man glaubte, dass Menschen krank würden, wenn ihre Körpersäfte – Blut, gelbe Galle, schwarze Galle und Schleim – nicht im Gleichgewicht wären. Der Aderlass sollte dieses Gleichgewicht wiederherstellen.

MIT KRÄUTERN HEILEN

Schon damals stellte man Medizin aus Kräutern her. Sie wuchsen zum Beispiel im Klostergarten. Die Nonnen und Mönche wussten, welche Wirkung die einzelnen Pflanzen hatten. Majoran verabreichte man zum Beispiel bei Schnupfen und Leibschmerzen, Lungenkraut half bei Brustleiden und Wermut („Wurmkraut") nahm man zur Behandlung sowohl von Würmern in den Eingeweiden als auch gegen Kopfweh und Flöhe. Heilkräuter wie Kamille oder Thymian werden auch heute noch eingesetzt.

ADERLASS

Beim Aderlass öffnete der Bader oder ein Wundarzt eine Ader des Patienten oder setzte Blutegel an, die das Blut absaugten. Das Heilverfahren kam sehr häufig zum Einsatz – oft schadete es dem geschwächten Patienten aber mehr, als es nützte.

DER SCHWARZE TOD

ERST DIE FLÖHE, DANN DIE BEULEN

Die schlimmste Krankheit des Mittelalters war die Pest. Gegen sie half keine Medizin und die Ärzte, Bader und Apotheker waren machtlos. Fast ein Drittel der Bevölkerung in Europa starb an dieser Seuche, die von Rattenflöhen übertragen wurde. Seefahrer schleppten im Jahr 1347 Ratten nach Westeuropa ein, die den Pesterreger, ein Bakterium, in sich trugen. Die Nagetiere waren voller Flöhe, und wenn diese auf einen Menschen übersprangen, steckten sie ihn an. Innerhalb kürzester Zeit bekam man Fieber und es bildeten sich schwarze Eiterbeulen am ganzen Körper. Sie gaben der Pest den Namen „Schwarzer Tod".

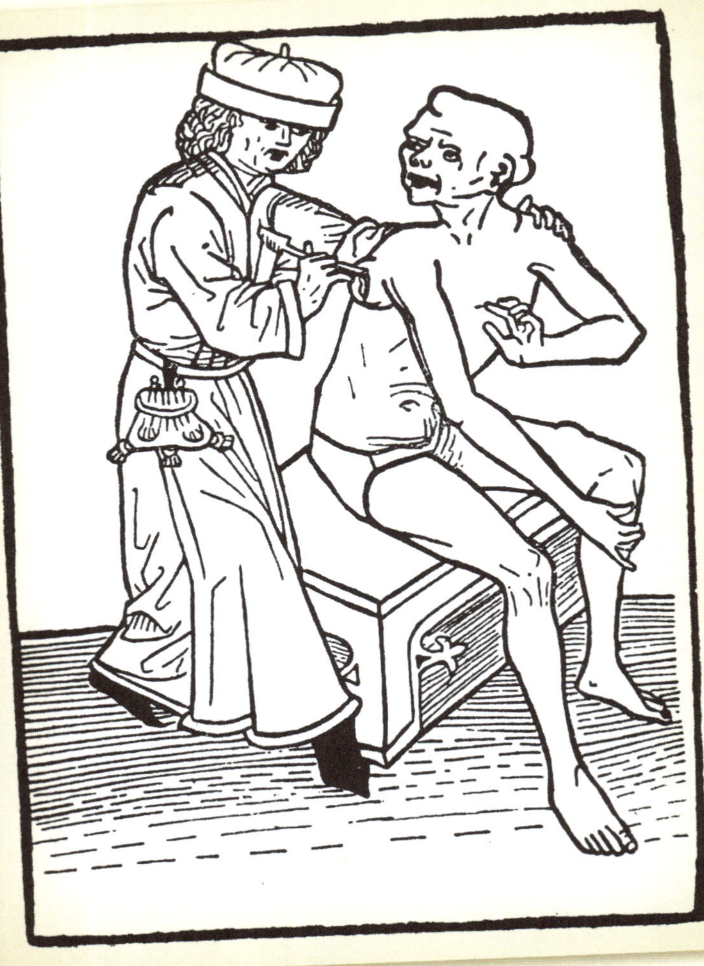

DIE STRAFE GOTTES

Wie die Pest übertragen wurde, konnte man sich damals nicht erklären. Da alle bisher üblichen Heilmethoden nicht halfen, hielt man die Seuche für eine Strafe Gottes. Bußgottesdienste wurden abgehalten und viele Menschen peitschten sich selbst aus, um für ihre Sünden zu büßen – in der Hoffnung, dadurch von der Pest verschont zu bleiben.

Ein Arzt versucht, die Pestbeule eines Erkrankten zu behandeln.

In diesem Beinhaus in Rouen, Frankreich, wurden die Knochen von Pesttoten aufbewahrt

DAS KRANKENHAUS VOR DER STADT

In der Anfangszeit der Pest brachte man die Erkrankten in Krankenhäuser und versuchte dort, sie zu pflegen. Da die Ansteckungsgefahr aber sehr hoch war und Menschen, die Kontakt mit den Kranken hatten, häufig selbst erkrankten, ging man dazu über, die Erkrankten zu isolieren. Außerhalb der Stadt wurden Pestkrankenhäuser errichtet.

LEICHEN IN DEN STRASSEN

Vom Flohbiss bis zum Ausbruch der Krankheit dauerte es manchmal nur wenige Stunden. Die Pest breitete sich rasend schnell aus, die Menschen starben wie die Fliegen. Die Wohnungen und Häuser Erkrankter wurden gekennzeichnet und die Menschen darin sich selbst überlassen. In den Straßen lagen Pestleichen und auf den Friedhöfen wurde der Platz so knapp, dass die Menschen in Massengräbern bestattet wurden. Da es nicht genügend Särge gab, wickelte man die Toten in ein Tuch.

DIE PESTMASKE

Die Menschen glaubten damals, „schlechte Winde" würden die Pest auslösen. Um sich davor zu schützen, trugen die Ärzte Pestmasken. In den langen Schnabel der Haube steckten sie duftende Kräuter zur Reinigung ihrer Atemluft.

Diese Pestmaske stammt aus der Neuzeit. Sie sieht denen aus dem Mittelalter sehr ähnlich.

Wahr oder falsch?

Kreuze an, ob die Aussage wahr oder falsch ist.

		wahr	falsch
1.	Der Adel konnte seinen Untertanen verbieten, bunte Kleidung zu tragen.	☐	☐
2.	Die Männer trugen damals keine Hosen, wie du sie kennst, sondern lange Hemden und windelartige Unterhosen.	☐	☐
3.	Frauen trugen meistens kurze Kleider, weil dies praktischer bei der Arbeit im Haus und auf dem Feld war.	☐	☐
4.	Weil die Bauern und Handwerker so wenig Kleidungsstücke besaßen, wurden diese häufig gewaschen.	☐	☐
5.	Im 14. Jahrhundert waren Schuhe mit möglichst langen Spitzen modern.	☐	☐
6.	Zur damaligen Zeit kannten die Menschen keine Tischmanieren.	☐	☐
7.	Auf dem Land aß die Familie gemeinsam aus einem Topf oder einer Schüssel.	☐	☐
8.	Weil Wasser selten sauber war, bekamen sogar Kinder Bier oder Wein zu trinken.	☐	☐
9.	Sich regelmäßig zu waschen war schon immer selbstverständlich.	☐	☐
10.	In den Städten wurde auf Sauberkeit geachtet, damit Krankheiten sich nicht ungehindert ausbreiten konnten.	☐	☐
11.	Die schlimmste Krankheit des Mittelalters wurde „Schwarzer Tod“ genannt.	☐	☐
12.	Die Pest wurde durch Rattenbisse auf Menschen übertragen.	☐	☐

Die Regeln sind einfach. In jeder Spalte, jeder Zeile und in jedem Block muss jedes Symbol enthalten sein – aber nur jeweils einmal! Im Sudoku-Gitter findest du sechs verschiedene Symbole. Klebe die fehlenden Sticker ein.

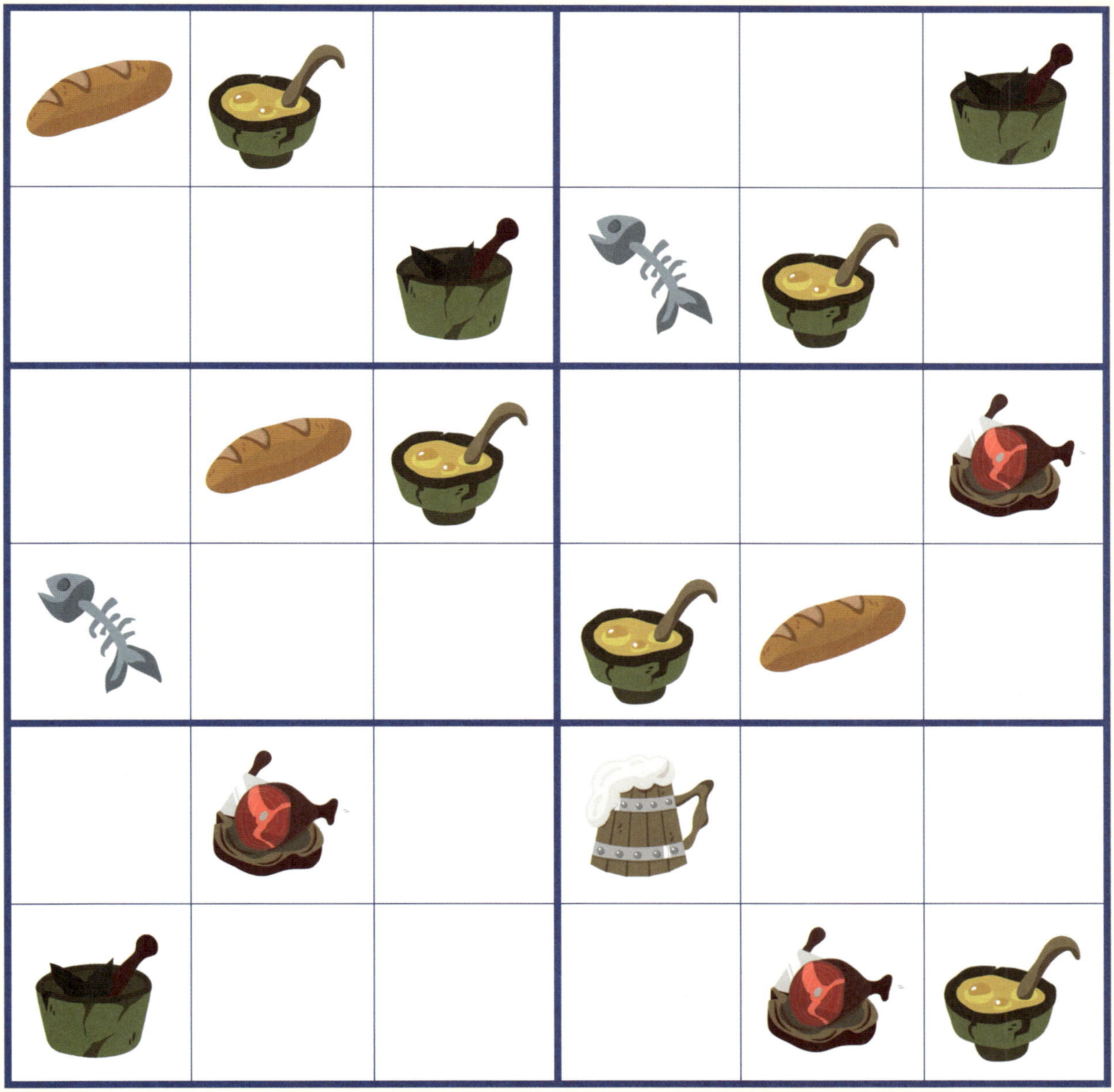

STRAFEN UND FOLTER

EHREN- UND SCHANDSTRAFEN

Im Mittelalter wurden Vergehen nach ihrer Schwere bewertet und – abhängig davon – die Bestrafung festgesetzt. Bei Streitigkeiten, Beschimpfungen, Verleumdungen, Trunkenheit, kleineren Diebstählen und Verstößen gegen eine Kleiderordnung wurden sogenannte Ehren- und Schandstrafen verhängt. Der Beschuldigte kam dann für eine bestimmte Zeit an den Pranger. Das war ein hölzernes Gestell, in das der Bestrafte eingeschlossen wurde. Es stand auf dem Marktplatz, sodass jeder, der am Pranger vorbeikam, den Missetäter beschimpfen, verspotten und sogar mit vergammeltem Gemüse bewerfen konnte.

PEINLICHE STRAFEN

Bei Mord, Totschlag, schweren Diebstählen, Ketzerei, Hexerei oder Frauenraub kamen die „peinlichen" Strafen zum Einsatz. Oft wurden Todesstrafen verhängt. Beschuldigte, die am Leben bleiben durften, wurde verstümmelt, sodass man ihnen für immer ansah, wofür sie verurteilt worden waren. Dieben hackte man die Hand ab, Betrügern drückte man mit einem glühenden Eisen ein Brandzeichen ins Gesicht.

PEINLICHES VERHÖR

Beschuldigte, die eine Tat nicht zugaben, wurden einem „peinlichen Verhör" unterzogen. Peinlich bedeutete, dass die Befragung mit großen Schmerzen, der Pein, verbunden war. Heute nennt man dies Folter.

DAS GERICHTSVERFAHREN

Auf dem Land schlichtete der Gutsherr Streitigkeiten und bestimmte bei Straftaten auch die Art der Strafe. Ab dem Spätmittelalter wurde im Rathaus Gericht gehalten. Bei einem Kapitalverbrechen wie Raub, Mord oder Brandstiftung konnten die Richter den Angeklagten nur verurteilen, wenn es für die Tat mindestens zwei Zeugen gab oder der Angeklagte ein Geständnis ablegte. Häufig folterte man die Beschuldigten, um ein Geständnis zu bekommen. So gestanden diese mitunter eine Tat, die sie nie begangen hatten, um den grausamen Schmerzen zu entgehen.

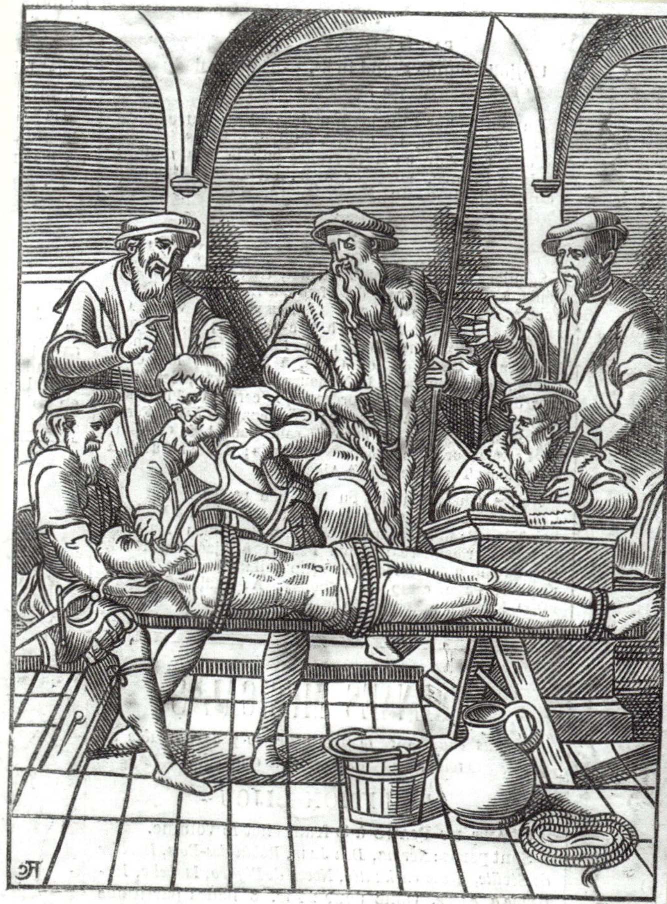

Bei der Wasserfolter wurde dem Angeklagten die Nase zugehalten und Wasser in den Mund gegossen.

GESTRECKT UND GEKNIFFEN

Übliche Foltermethoden waren das Aufhängen und Strecken des Beschuldigten: Er wurde entweder auf eine Streckbank geschnallt und an Armen und Beinen auseinandergezogen oder an seinen auf den Rücken gefesselten Armen an der Decke aufgehängt. Noch schmerzhafter war es, wenn zusätzlich Gewichte an den Füßen hingen. Weitverbreitet war auch das Kneifen mit glühenden Zangen.

Eine mittelalterliche Streckbank. Sie steht heute im Museum.

DIE VERFOLGUNG DER HEXEN

DIE INQUISITION

Die Kirche duldete keine anderen Lehren neben der eigenen und verfolgte und bekämpfte Andersdenkende wie etwa die Katharer, die eine eigene Religionsform ausübten und die Autorität des Papstes nicht anerkannten. Andersgläubige wurden als Häretiker oder Ketzer bezeichnet. In einer gerichtlichen Untersuchung, der sogenannten Inquisition, mussten sie sich zu ihren Taten bekennen und wurden dann meist zum Tod verurteilt.

DER LETZTE PROZESS

Der letzte Hexenprozess in Deutschland fand am 4. April 1775 statt. Die Dienstmagd Anna Schwegelin wurde damals zum Tod durch das Schwert verurteilt. Die Bestrafung wurde nicht ausgeführt, sie starb sechs Jahre später im Gefängnis.

DER „HEXENHAMMER“

Zunächst verfolgte die Inquisition ausschließlich Ketzer, ab dem Spätmittelalter gerieten aber auch angebliche Hexen in den Mittelpunkt des Interesses der Inquisitoren. Für schlechte Ernten, Hunger und Seuchen suchte man einen Schuldigen und fand ihn in den Frauen, denen man vorwarf, Hexen zu sein. Auslöser der gezielten Hexenverfolgungen, die bis weit in die Neuzeit anhielten, war ein Buch, das sich mit der Bekämpfung von Dämonen und Hexen beschäftigte. Der „Hexenhammer“ erschien 1487. Die beiden Verfasser, Jakob Sprenger und Heinrich Kramer, waren selbst als Inquisitoren tätig.

„SIE IST EINE HEXE!“

Jede Frau konnte in den Verdacht geraten, eine Hexe zu sein. Zeigte zum Beispiel ein abgewiesener Verehrer oder eine neidische Nachbarin eine Frau bei der Inquisition an – dies ging auch, ohne den eigenen Namen zu nennen –, kam es in der Regel zu einem Hexenprozess. In dessen Verlauf wurde die Beschuldigte als Hexe überführt und zum Tod auf dem Scheiterhaufen verurteilt. Besonders häufig traf es heilkundige Frauen, die sich mit Arzneien, Kräutern und Geburtshilfe auskannten.

DIE HEXENPROBE

Hatte man eine angebliche Hexe gefangen, wurde ihr der Prozess gemacht. Er hatte mit einem heutigen Gerichtsverfahren aber nichts gemeinsam. Gestand die Hexe nicht, wurde sie gefoltert und verschiedenen Proben unterzogen. Eine davon war die Wasserprobe: Man warf die gefesselte Angeklagte in einen Fluss oder See. Ging sie unter und ertrank, war sie keine Hexe. Überlebte sie diese Probe aber und versank nicht, galt sie als Hexe und kam auf den Scheiterhaufen.

ALCHEMIE

DIE CHEMIKER DES MITTELALTERS

Bis zur Mitte des 12. Jahrhunderts spielte die Alchemie in Europa keine Rolle, dann jedoch wurden arabische Texte in die lateinische Sprache übersetzt. Mit ihnen verbreitete sich das Wissen über die Gesteine, Pflanzen, Metalle, die Farbherstellung und vor allem die Umwandlung von Metallen. Die Alchemisten richteten sich Labore ein, in denen sie mit Tiegeln, Mörsern, Kesseln, Glasgefäßen und Zangen hantierten und verschiedene Substanzen über dem Herdfeuer erhitzten. Ihre Versuche waren nicht ungefährlich und aufgrund der aufsteigenden Dämpfe mit Sicherheit gesundheitsschädlich.

VERSUCH MACHT KLUG

Alchemisten arbeiteten überwiegend praktisch. Sie experimentierten mit verschiedenen Stoffen, unternahmen ständig neue Versuche und notierten ihre Erkenntnisse. Dabei verschlüsselten sie oft den Text, indem sie Geheimzeichen anstelle der Namen der verwendeten Substanzen benutzten. So wollten sie verhindern, dass ein anderer Alchemist ihr Wissen nutzte und womöglich vor ihnen Blei in Gold verwandeln konnte. Dies machte es für sie selbst aber auch schwierig, alte Aufzeichnungen zu verstehen und nachzuvollziehen.

BLEI ZU GOLD

Alchemisten glaubten, dass sich unedle Metalle wie Blei in edle Metalle wie Gold oder Silber umwandeln ließen. Sie waren davon überzeugt, dass für die Umwandlung lediglich ein bestimmtes Mittel notwendig wäre, der sogenannte „Stein des Weisen". Alchemisten, die im Auftrag eines Herrschers Versuche unternahmen, behaupteten zwar manchmal, die Umwandlung sei gelungen, und wiesen zum Beweis ein Stück Gold vor. Doch dieses war vorher nie ein Stück Blei gewesen, sie hatten gelogen. Heute wissen wir, dass aus Blei kein Gold werden kann.

EWIGE JUGEND UND DIE ERFINDUNG DES SCHIESSPULVERS

Neben der Suche nach der Formel für Gold forschten Alchemisten auch nach einem Mittel, das alle Krankheiten heilt und die Menschen unsterblich macht. Auch diese Versuche scheiterten. Allerdings waren die Alchemisten nicht auf allen Gebieten erfolglos. So erfanden sie bei ihren Versuchen das Schießpulver und das Porzellan neu, was beides schon den Chinesen bekannt war.

Verpurzelte Begriffe

Kannst du die fehlenden Begriffe einsetzen, indem du die Buchstaben oder Ziffern in die korrekte Reihenfolge bringst?

1. Im Mittelalter wurden zur Bestrafung von zum Beispiel Beschimpfungen oder Trunkenheit Ehren- und ______________________ verhängt.

DSCHAFANSTREN

ERPRNGA

2. Der Beschuldigte wurde als Bestrafung für kleinere Vergehen an den ___________ gestellt.

3. Für schwere Vergehen wurde oft die ______________ verhängt.

LTERFO

4. Um den Angeklagten ein Geständnis abzuringen, war die __________ eine übliche Methode.

FEODESTRAST

5. Die Kirche verfolgte damals Andersgläubige und bezeichnete sie als Häretiker oder __________.

TZERKE

TIQUISIONIN

6. Die gerichtliche Untersuchung durch die Kirche wurde ______________ genannt.

XENHE

7. Ab dem Spätmittelalter wurden nicht nur Andersgläubige verfolgt, sondern auch angebliche __________.

8. Diese Frauen wurden meistens zum Tode verurteilt und auf dem _________________ verbrannt.

UFSCHENEIHATER

7517

9. Der letzte Hexenprozess in Deutschland fand im Jahre ______ statt.

Suchsel

Hier verstecken sich zehn Begriffe rund um das Thema Mittelalter. Findest du sie?

Ritter – Pest
Alchemie – Burg
Kloster – Kirche
Bauer – Markt
Aberglaube – Hexe

E	B	N	H	Z	A	S	R	B	R	I	L	B	M	I	K
T	A	B	E	R	G	L	A	U	B	E	D	R	S	D	I
O	U	R	S	P	D	N	W	R	D	K	X	H	O	P	R
P	E	D	K	L	P	M	E	G	R	G	U	E	R	M	C
W	R	I	T	T	E	R	T	Z	G	W	I	X	L	K	H
S	T	H	J	K	S	U	C	A	L	C	H	E	M	I	E
V	K	L	O	S	T	E	R	M	P	U	M	A	R	K	T

Verschlüsselte Botschaft

Der Alchemist hat auf einem Pergamentpapier eine geheime Botschaft hinterlassen. Kannst du sie entschlüsseln?

Legende

A =	B =	C =	D =	E =	F =	G =
H =	I =	J =	K =	L =	M =	N =
O =	P =	Q =	R =	S =	T =	U =
V =	W =	X =	Y =	Z =		

Auf der Pergamentrolle steht:

BACKEN, FÄRBEN UND SCHNEIDERN
WIE IM MITTELALTER

IM MITTELALTER WURDEN DIE MEISTEN LEBENSMITTEL UND DINGE DES TÄGLICHEN BEDARFS IN HANDARBEIT HERGESTELLT. ES GAB NOCH KEINE FABRIKEN UND MASCHINEN UND SELBST IN DER STADT NUR WENIGE LÄDEN. IN IHNEN UND AUF DEM MARKT KAUFTEN DIE MENSCHEN DAS EIN, WAS ANDERE FÜR SIE HERSTELLTEN. AUF DEM DORF BACKTE MAN SEIN EIGENES BROT UND STELLTE AUCH DIE KLEIDUNG SELBST HER. DAS IST TEILWEISE GAR NICHT SO SCHWER. PROBIERE ES AUCH EINMAL AUS UND BACKE, FÄRBE UND SCHNEIDERE WIE IM MITTELALTER!

FLADENBROT BACKEN

Brot war im Mittelalter ein Grundnahrungsmittel und kam bei Bauern wie bei Adligen auf den Tisch. Allerdings gab es auch beim Brot Standesunterschiede. Während der Adel das weiße Brot verspeiste, das in der Herstellung aufwendiger war, mussten sich die armen Leute mit dem gröberen dunklen Brot zufriedengeben. Dieses wurde in der Regel aus Roggen hergestellt.

DIE ZUTATEN

Um Roggen-Fladenbrot in der Pfanne zu backen brauchst du:

- eine Rührschüssel
- einen Holzlöffel
- eine Küchenwaage
- ein Nudelholz
- eine Pfanne
- einen Pfannenwender

Der Teig reicht für ungefähr vier Brote und besteht aus:

- 250 Gramm Roggenvollkornmehl
- 1 Esslöffel Mehl zum Ausrollen
- 40 Gramm Weizenkleie
- 10 Gramm Hefe
- 150 Milliliter Wasser
- ½ Teelöffel Salz
- 2 Esslöffel Butter zum Braten

DEN TEIG HERSTELLEN

1. Gib etwas Wasser in die Rührschüssel und krümele die Hefe hinein. Rühre mit dem Holzlöffel so lange um, bis keine Klümpchen mehr zu sehen sind. Dann gibst du das restliche Wasser dazu und rührst wieder alles durch.

2. Gib das Mehl und das Salz zu dem Hefe-Wasser-Gemisch und mische alles durch, bevor du die Weizenkleie ebenfalls in die Schüssel gibst.

3. Jetzt brauchst du ein bisschen Kraft in den Händen, denn nun musst du den Teig kräftig durchkneten. Das kann ein paar Minuten dauern. Wichtig ist, dass sich alle Zutaten gut miteinander verbinden.

4. Teile den fertigen Teig in vier Portionen.

5. Streue etwas Mehl auf den Küchentisch und rolle Portion für Portion mit dem Nudelholz zu einem runden Fladen aus. Je dünner, desto besser.

6. Jetzt brauchst du Hilfe von einem Erwachsenen, denn jetzt geht es an den Herd zum Backen. Fette die Pfanne mit etwas Butter ein.

7. Schalte den Herd auf mittlere Hitze und warte, bis die Butter in der Pfanne geschmolzen ist. Dann legst du den ersten Fladen hinein und lässt ihn rösten.

8. Je nach Dicke des Fladens kann es bis zu 20 Minuten dauern, bis er fertig ist. Deshalb ist es wichtig, dass du dein Brot zwischendurch immer wieder mit einem Pfannenwender umdrehst. So wird es von beiden Seiten gleichmäßig braun. Bräunt es zu schnell, schaltest du den Herd auf kleine Hitze herunter.

9. Serviere die Fladen warm, so schmecken sie am besten. Dazu passt zum Beispiel Kräuterquark.

STOFFE FÄRBEN

Im Mittelalter konnten nur natürliche Farben zum Einfärben von Stoffen genutzt werden. Sie wurden zum Beispiel aus der Purpurschnecke (Purpur) und aus der Cochenille-Laus (Rot) gewonnen oder aus den Pflanzen Färberwaid und Indigo (Blau) hergestellt. Farbige Stoffe und bunte Kleidung waren sehr teuer. Während die Adligen möglichst farbenfrohe Kleidung trugen und damit ihren Reichtum demonstrierten, zogen Bauern und einfache Handwerker braune, graue, ungefärbte oder schwarze Kleidung an. Heute kannst du zum Färben aus einer Fülle chemisch hergestellter Farbtöne wählen.

DAS BRAUCHST DU ZUM FÄRBEN

Am leichtesten lassen sich helle Stoffe aus reiner Baumwolle färben. Das können zum Beispiel ein weißer Kissenbezug oder ein helles T-Shirt sein. Hier sind alle Zutaten auf einen Blick:

- heller Baumwollstoff. Wiege den Stoff, den du färben möchtest vorher aus, damit du weißt, wie viel Farbe du kaufen musst.
- Textilfärbemittel in deiner Lieblingsfarbe. Du bekommst sie in der Drogerie. Auf der Verpackung steht, wie viel Gramm Stoff du mit einem Päckchen färben kannst.
- Essig (die Menge steht in der Gebrauchsanleitung des Färbemittels)
- eine große Plastikschüssel
- Gummihandschuhe
- ein Badethermometer
- einen Holzlöffel zum Umrühren
- 5 bis 6 Liter heißes Wasser

JETZT WIRD ES BUNT!

Vorsicht, heiß! Zum Färben benötigst du viel heißes Wasser. Bitte einen Erwachsenen, dir die benötigte Menge so weit zu erhitzen, bis die notwendige Temperatur erreicht ist. Das heiße Wasser lässt du dir in die Schüssel gießen. Dann bist du dran!

1. ✦ Rühre das Färbemittel mit dem Holzlöffel in das heiße Wasser, bis es sich vollständig aufgelöst hat. Je nach Färbemittel kommt nun auch gleich der Essig hinzu.

2. ✦ Tauche den sauberen Stoff in die Farbe und rühre mit dem Holzlöffel vorsichtig um. Du kannst auch versuchen, den Stoff zu wenden. Wichtig ist, dass die Farbe überall hinkommt. Der Stoff bleibt nun für ungefähr eine Stunde in dem Färbebad. Während dieser Zeit solltest du ihn ein paarmal bewegen.

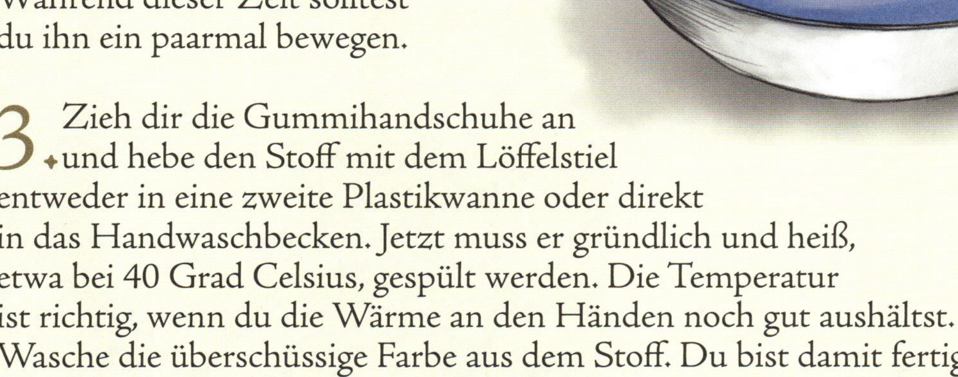

3. ✦ Zieh dir die Gummihandschuhe an und hebe den Stoff mit dem Löffelstiel entweder in eine zweite Plastikwanne oder direkt in das Handwaschbecken. Jetzt muss er gründlich und heiß, etwa bei 40 Grad Celsius, gespült werden. Die Temperatur ist richtig, wenn du die Wärme an den Händen noch gut aushältst. Wasche die überschüssige Farbe aus dem Stoff. Du bist damit fertig, wenn das Wasser, das du aus dem gefärbten Stoff drückst, klar bleibt.

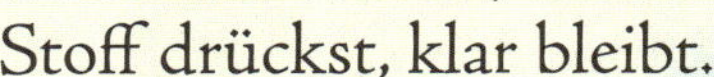

4. ✦ Hänge den Stoff anschließend zum Trocknen auf. Fertig!

EINEN LEDERBEUTEL BASTELN

LEDER GERBEN

Leder war im Mittelalter ein wichtiger Rohstoff. Aus ihm wurden Schuhe, Kleidungsstücke, Sättel und Taschen hergestellt. Die Lederherstellung war sehr mühsam und der Beruf der Gerber nicht angesehen. Die Gerbereien lagen wegen des strengen Geruchs meist vor den Stadttoren an einem Fluss. Gerber kauften die Tierhäute von einem Metzger und wuschen sie im Fluss. Anschließend wurden die Haare und Fleischreste entfernt und die Tierhaut für mehrere Monate in Lohe, das ist zerkleinerte Eichen- und Fichtenrinde, eingelegt. In ihr wurde die Haut gegerbt und langsam in Leder verwandelt. Nach dem gründlichen Ausspülen der Lohe trocknete das Leder und war dann bereit für den Zuschnitt.

Diese ganze Arbeit musst du dir zum Glück nicht machen. Du kannst dein fertiges Stück Leder im Bastel- oder Stoffladen kaufen. Oder du bittest deine Eltern, dir ein Stück im Internet zu bestellen.

FÜR DEINEN BEUTEL BRAUCHST DU

- ein Stück Leder (etwas größer als ein DIN-A4-Blatt)
- ein Lederband (30 bis 50 Zentimeter lang)
- eine Lochzange
- einen Zirkel oder einen Topfdeckel in der passenden Größe
- eine Schere
- einen Stift

SO FERTIGST DU DEINEN BEUTEL AN

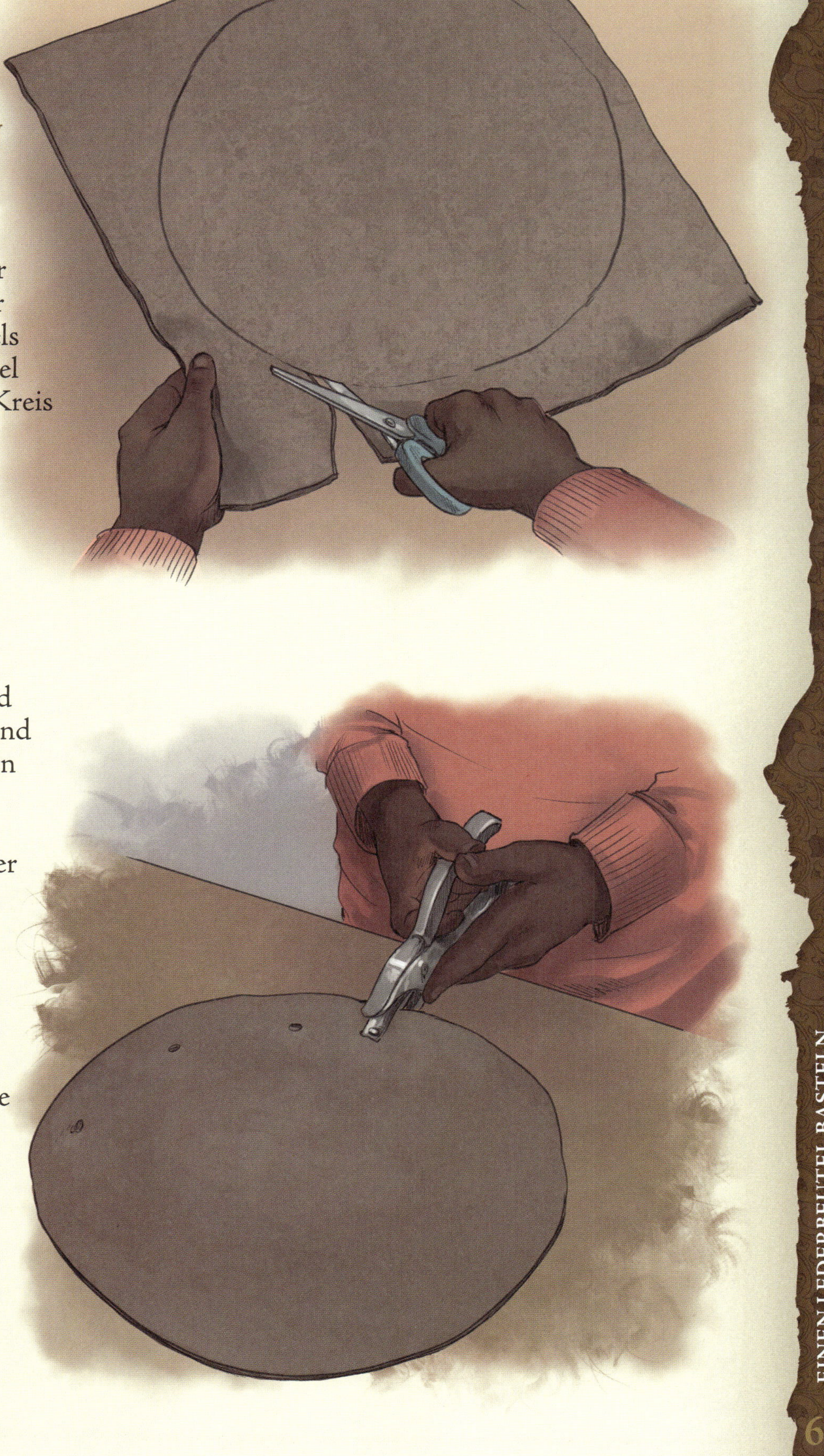

1. Zeichne mit dem Zirkel einen Kreis auf dein Lederstück. Der Durchmesser sollte ungefähr 20 Zentimeter betragen. Anstelle eines Zirkels kannst du auch den Topfdeckel auf das Leder legen und den Kreis mit einem Stift aufzeichnen.

2. Schneide den Kreis aus.

3. Markiere mit dem Stift die Position der Löcher für das Band. Sie sollten zwei bis drei Zentimeter vom Rand entfernt sein und einen Abstand von ungefähr vier Zentimetern zueinander haben.

4. Stanze die Löcher mit der Lochzange aus.

5. Fädele das Band durch die Löcher und verknote anschließend die Enden. Schon ist dein Beutel fertig und du kannst hübsche Steine oder dein Taschengeld darin aufbewahren!

Lösungen

Seite 10
Lückentext

Das europäische Mittelalter wird in die drei Epochen **Frühmittelalter**, Hochmittelalter und **Spätmittelalter** unterteilt. Die Entdeckung von **Amerika** durch den Seefahrer **Christoph Kolumbus** wird als Endpunkt des Mittelalters betrachtet. Im Frühmittelalter lebten viele Menschen in kleinen **Siedlungen** auf dem Land. Um sie zu schützen, wurden **Burgen** errichtet. Das **Hochmittelalter** wird als Blütezeit des Mittelalters bezeichnet. In dieser Zeit wurden viele neue **Städte** gegründet, prächtige Rathäuser und mächtige **Kathedralen** gebaut. Während des Spätmittelalters zogen viele Menschen vom **Land** in die Städte. Zahlreiche Erfindungen stammen aus dieser Zeit. Dazu zählen der **Buchdruck**, die **Brille** und der Fallschirm.

Seite 11
Wer bin ich?

1. Papst ; **2.** Bauer ;

3. Äbtissin ; **4.** König ;

5. Adel ; **6.** Ritter ; **7.** Mönch

Fehlerbild

Seite 20
Löcher im Text

Im Mittelalter wurden sehr viele neue Städte gegründet. Meist entstanden sie an strategisch wichtigen Orten wie oder Brücken. Auch die Nähe eines Klosters oder einer  war gut geeignet.

Mittelalterliche Städte waren von einer dicken umgeben. Durch das  kamen Händler, Kaufleute und  herein, um Waren zu verkaufen oder selbst einzukaufen. Das Zentrum der Stadt war der Marktplatz mit der .

Viele Städtenamen lassen erkennen, wo die Stadt gegründet wurde. So entstand zum Beispiel Frankfurt an einer Furt und Innsbruck an einer .

Die meisten Gebäude waren zur damaligen Zeit aus . Wenn ein ausbrach, war das verheerend, weil dieses von einem Haus auf das nächste überging. Deshalb baute man die späteren Häuser aus .

Seite 21
Labyrinth

Zunftzeichen

Schneiderei

Bäckerei

Schlosserei

Gaststätte

Schuhmacher

Seite 30
Kreuzworträtsel

1. Motte ; **2.** Wandteppiche ;

3. Pferd ; **4.** Schwert ;

5. Page ; **6.** Ritterschlag ;

7. Tjost ; **8.** vierzehn ;

9. Amme ; **10.** Damensattel 

Lösungswort: Pechnase

Seite 31
Schau genau!

Rechnen mit Symbolen

= 10 = 4 = 2

2 + 4 + 10 = 16

Seite 42
Auf der Kathedralen-Baustelle

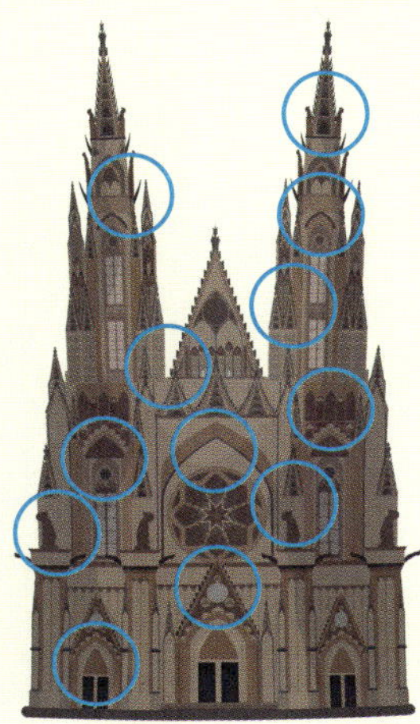

Seite 43
Eine Wahrheit, zwei Lügen
1. c); **2.** a); **3.** b); **4.** b); **5.** a); **6.** c); **7.** b); **8.** c)

Seite 52
Wahr oder falsch?
1. wahr; **2.** wahr; **3.** falsch; **4.** falsch; **5.** wahr; **6.** falsch; **7.** wahr; **8.** wahr; **9.** falsch; **10.** falsch; **11.** wahr; **12.** falsch

Seite 53
Sudoku

Seite 60
Verpurzelte Begriffe
1. Schandstrafen; **2.** Pranger; **3.** Todesstrafe; **4.** Folter; **5.** Ketzer; **6.** Inquisition; **7.** Hexen; **8.** Scheiterhaufen; **9.** 1775

Suchsel

E	B	N	H	Z	A	S	R	B	R	I	L	B	M	I	K
T	A	B	E	R	G	L	A	U	B	E	D	R	S	D	I
O	U	R	S	P	D	N	W	R	D	K	X	H	O	P	R
P	E	D	K	L	P	M	E	G	R	G	U	E	R	M	C
W	R	I	T	T	E	R	T	Z	G	W	I	X	L	K	H
S	T	H	J	K	S	U	C	A	L	C	H	E	M	I	E
V	K	L	O	S	T	E	R	M	P	U	M	A	R	K	T

Seite 61
Verschlüsselte Botschaft
Auf der Pergamentrolle steht: Gold kann man nicht herstellen, man findet es in Fluessen!

REGISTER

A
Adel 7 f., 44, 46 f.
Aderlass 16, 49
Alchemie 58 f.
Arbeiter 7 f.
Arzt 49 ff.

B
Bader 16, 49
Bauer 7 f., 14, 18, 34 ff., 45
Beruf 14 f., 18 f., 68
Bildung 4
Buchdruck 6
Burg 5, 12, 17, 22 ff., 28 f.
Bürger 7 f., 15
Burgherrin 28 f.

C
Christen 9, 38, 41

D
Dom 39
Dreifelderwirtschaft 37

E
Edelfräulein 28
Essen 46 f.

F
Fachwerk 13, 35
Fest 16 f., 46
Festung 23
Folter 54 f.
Frondienst 34 f.
Frühmittelalter 4 f., 9

G
Geistliche 7
Gericht 55 ff.
Gesellschaft 7
Gottesdienst 38
Grundherr 34 f.

H
Hanse 6
Hexe 56 f.
Hochmittelalter 4 f., 9, 22 f., 37, 39, 46
Hygiene 48

I
Inquisition 56 f.

K
Kathedrale 39 f.
Ketzer 38, 54, 56 f.
Kinder 28, 32 f.
Kirche 38 f., 56
Kirchenbann 38
Kleidung 44 f., 48
Klerus 7
Kloster 7, 32 f.
Krieg 5, 8 f., 26, 41
Kreuzzug 9, 41

L
Landwirtschaft 34
Lehen 7 f.
Lehnsherr 8, 14 f., 26

M
Markt 13 ff.
Medizin 49 f.
Motte 22
Mönch 7, 32 f.

N
Nonne 7, 32 f.

P
Papst 5, 7, 9, 38, 41, 56
Pest 6, 50 f.
Pilger 41
Pranger 54

R
Ritter 7 ff., 22 f., 26 f., 41, 45

S
Spätmittelalter 4, 6, 18, 24, 26 f., 34, 47, 55, 57
Stadt 5 f., 12 ff., 48, 51
Strafe 38, 41, 50, 54 f.
Streckbank 55

T
Tischmanieren 46
Turnier 17, 26 f.

W
Wissenschaft 33

Z
Zunft 19